懐かしくて新しい、柿暮らしの世界へようこそ！

柿は、古来から日本人にもっとも親しまれてきた果樹のひとつです。人々は、柿を家のまわりで育てて、暮らしに生かしてきました。

秋に黄色く熟した柿は子どもたちのおやつになり、干し柿は保存のきく貴重な甘味源として重宝されました。夏の青柿でつくる柿渋は、布や紙、床、魚網などさまざまな暮らしの道具を丈夫にして長持ちさせる効果があります。柿の青葉はおいしいお茶になり、食べ物のお皿や包み紙にもなります。皮は乾燥させて漬物の甘みづけにしたり、ヘタはしゃっくり止め、種は丸薬になるなど、本当にまるごと役に立つ、すごい果樹です。

近年は目新しいお菓子や果物が登場したせいか、手入れも収穫もされず、放ったらかしにされた柿の木もちらほら。でもそれではあまりにもったいない。柿の魅力を知ってもっと生かしてみたい。

本書では干し柿や柿酢づくり、柿渋染めなどの昔ながらの柿の加工方法から、おいしくて見た目もおしゃれな柿レシピ、ビタミンCたっぷりの柿の葉茶の製法、超短期間でできる柿渋のつくり方などの最新情報まで、全国の柿好きの皆さんの柿活用法を集めました。これを読むと、身近な柿の木が、宝の山のように見えてくることでしょう。

懐かしくて新しい、柿のある暮らしをぜひ楽しんでください。

農山漁村文化協会

（写真＝濱崎貞弘）

目次

愉しい柿暮らし　4

干し柿をつくる、干し柿をもっとおいしく

基本の干し柿のつくり方……10

干し柿づくりQ&A……13

農家に教わる干し柿アイデア集……14

干し柿農家の「99%失敗しないレシピ」　尾道柿園……15

飛田和緒さんの干し柿でつくるひと皿……16
干し柿バター／干し柿の天ぷら／
干し柿入りキャロットラペ／干し柿と春菊のサラダ／
干し柿のラム酒漬け／アイスクリームラム酒漬け添え／
ヨーグルト漬け／ラム酒漬け入りパンケーキ

チョコと一緒に……22
干し柿とくるみのチョコ／あんぽ柿のフォンデュ

ふるさとの味……24
柿なます／大根の巻き漬け／干し柿とごぼうの天ぷら

干し柿以外の柿の料理とおやつ

農家の柿の料理とおやつ……28
コリコリとして甘い　半乾きの冷凍柿／冷凍渋柿
冷凍熟柿で「柿シェイク」／やわらか柿チップ／
焼き柿／渋柿ジャム／え!?　柿の漬け床!?／
柿の味噌漬け／熟柿のドレッシング

中川たまさんの柿のお菓子……36
柿のタルトタタン／甘酒マフィン／
柿とシナモンメイプルのジャム／パンケーキ／
完熟柿とバニラの羊羹／柿のスパイスコンポート

柿の渋と「渋戻り」の話……41

前沢リカさんの柿のおかず……42
柿と牛肉のオイスターソース炒め／
柿と豚肉のしょうが焼き／干し柿とほうれん草の白和え／
柿とカマンベールのサラダ／野菜の熟柿和え

柿渋をつくる、柿渋でつくる

柿渋染めエプロン　早川ユミ……48
新聞紙でエコバッグ　池野陽子……52
米袋でエコバッグ　矢澤秀勇……54
柿渋の成分と力……55
かなり強力！　柿渋のウイルス退治効果　坂口剛正……56
圧力鍋でかんたん柿渋づくり（濵崎貞弘さん）……58
昔ながらの柿渋のつくり方……62

柿酢をつくる

若さの秘訣！　河部さん家の柿酢（河部義道さん）……68
柿酢の健康機能性が明らかになってきた　前多隼人……71

柿の葉を使う

ビタミンCたっぷり
柿の葉茶つくりのコツ　鶴永陽子……74
紅葉した柿の葉を長く保存する方法　濵崎貞弘……76
柿の葉寿司のつくり方　濵崎貞弘……78

柿で自然な手当て

渋柿の焼酎漬けで咳止め（稲本民雄さん）……82
こんなにある　柿の健康効果……85
ボケ防止になる!?　柿の種の丸薬（村上光太郎先生）……86

もっと知りたい柿の話

柿の甘柿・渋柿って何？　88
渋柿の渋抜きってどうやるの？　矢住ハツノ　88
庭の柿を低くしたいけどどうしたらいい？　90
柿の全国在来種マップ　92
柿のある暮らしの風景　94

掲載記事初出一覧　95

※本書は雑誌『現代農業』『うかたま』などの記事をもとに新しい記事を加えて再編集したものです。執筆者・取材対象者の住所・姓名・所属先・年齢等は記事掲載時のものです。

愉しい柿暮らし

イラスト＝ますこえり

庭や屋敷まわりにある柿をムダにしないで、
使い切るスキルをもって、
愉しい柿暮らし。

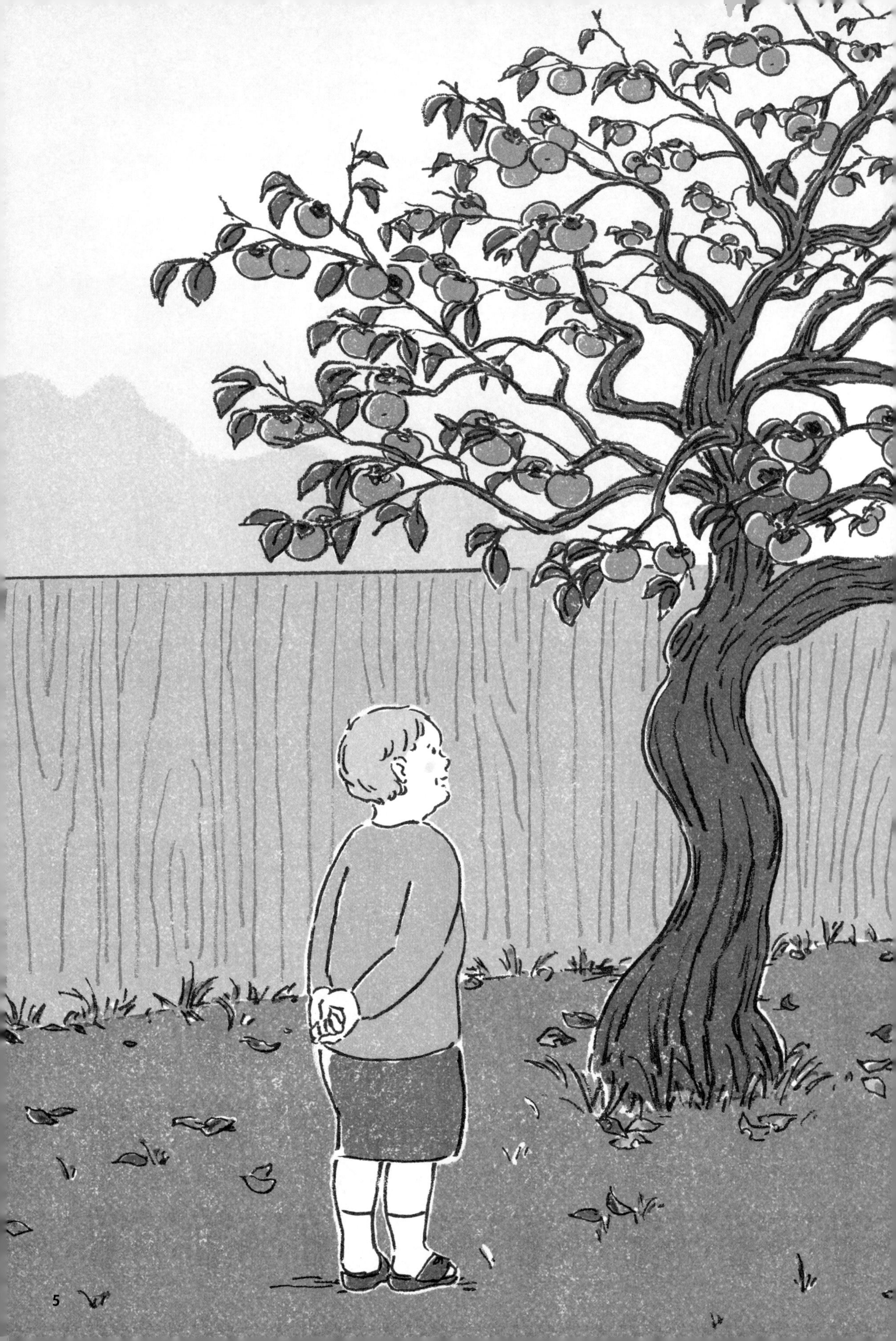

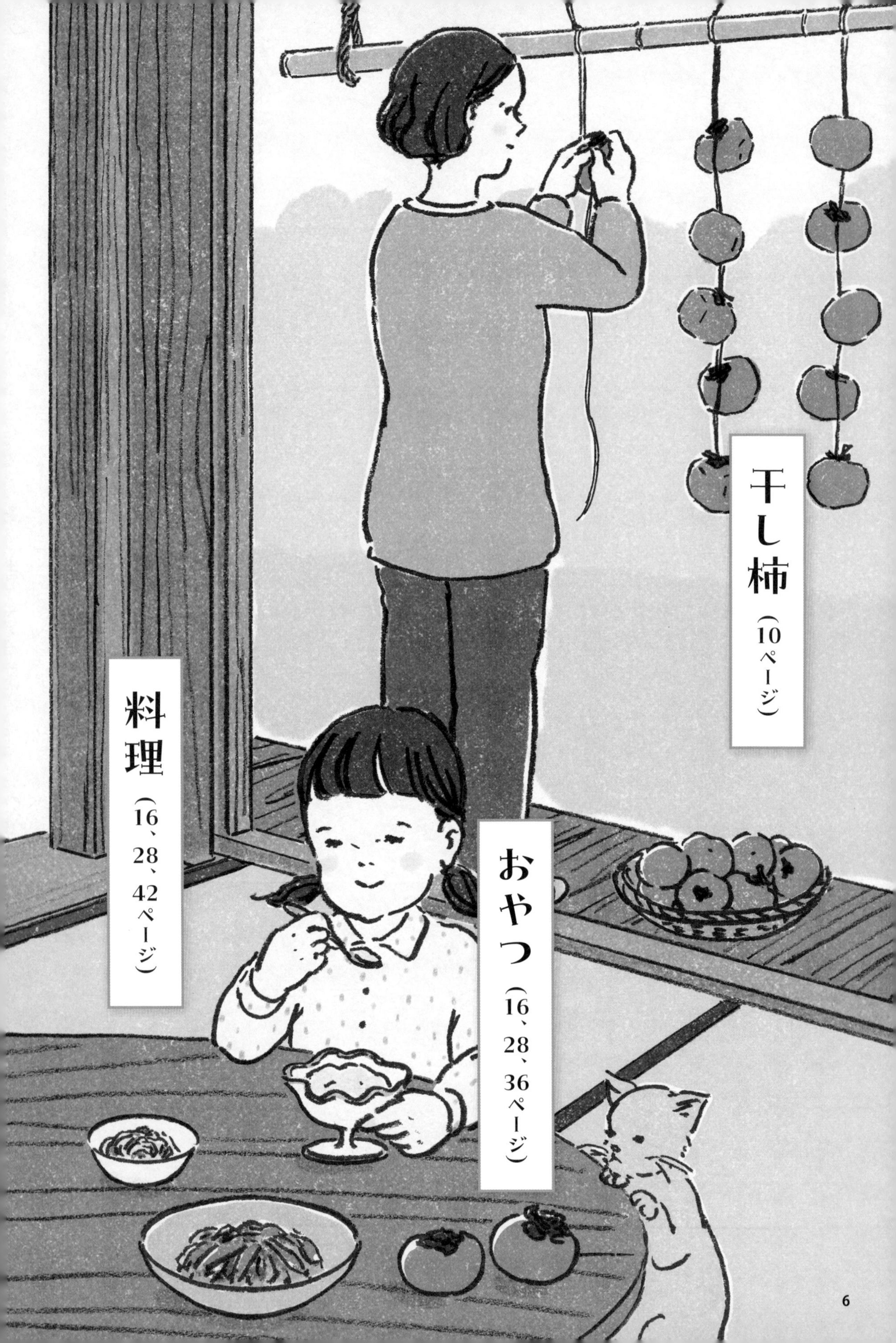
干し柿
（10ページ）
料理
（16、28、42ページ）
おやつ
（16、28、36ページ）

甘柿と渋柿（88ページ）
渋抜き（88ページ）
庭の柿の木の手入れ（90ページ）
柿渋（48ページ）
柿酢（68ページ）
葉っぱ（74ページ）
民間薬（82ページ）

干し柿をつくる、
干し柿をもっとおいしく

柿が手に入ったら、つくってみたいのが干し柿。
優しい甘みがぎゅっと詰まっている、日本に昔からあるドライフルーツです。
失敗せずつくるポイントや、
干し柿をもっとおいしく楽しむアレンジをまとめました。

（扉イラスト＝ますこえり）

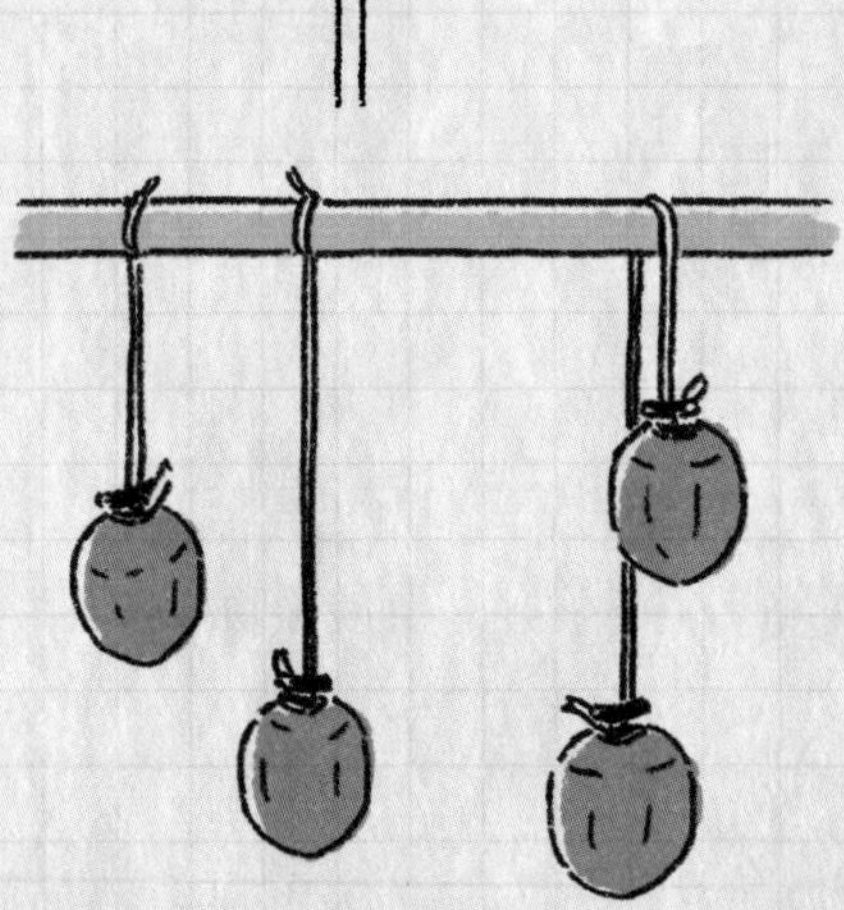

(写真＝五十嵐 公)

基本の干し柿のつくり方

秋になると、軒先につるした干し柿を見かけます。市販品もありますが、家でつくるのも難しくありません。渋柿が手に入ったら、ぜひお試しください。

監修＝小清水正美（元神奈川県農業総合研究所員）
イラスト＝ますこえり
参考：『保存食の絵本2 くだもの』（小清水正美著、植田真絵）、『カキの絵本』（松村博行編、菊池日出男絵）ともに農文協

●渋柿が甘くなるしくみ

渋のもとになる水に溶けるタンニンを多く含む渋柿は、そのままでは渋くて食べられません。干す間にタンニンが水に溶けない形になり、糖分の甘みだけを感じるようになります。

●干し始める時期が大事

暖かく湿気の多い時期に干し始めるとカビが生えてしまいます。地域によりますが11月になって肌寒さを感じ、空気が乾燥して天気が安定するタイミングをねらって干し始めます。温暖な地域なら12月の中～下旬からがおすすめ。柿を早めに入手した場合は薄いポリ袋に入れ、冷蔵庫のよく冷える場所に置けば保存できます。冷気で凍らないよう注意しましょう。

できあがりまでの期間：3～4週間

〈材料〉

干し柿用の渋柿＊…適量

〈道具〉

包丁かピーラー、ひも

＊熟しすぎると皮がむきにくく、果肉がグズグズになることがあるので、果肉のかたいものを選ぶ。入手方法は13ページQ&Aを参照。

❶皮をむく

皮をむくことで、水分が蒸発しやすくなります。包丁でもピーラーでもいいので、**皮が残らないようできるだけきれいにむきましょう。**皮が残るとその部分の乾燥が遅れ、また食感も悪くなります。ヘタ、果柄《かへい》（次ページ上図参照）はつるすときに必要なので切り落としません。果柄と枝はT字形に残します。

皮をむいたあと、柿の重さを量っておきます。どれだけ水分が減ったかがわかり、干し上がりを見極める目安になります。

ヘタの周囲の皮のむき方

ヘタと水平に、皮に包丁を入れ、刃をぐるっと1周させてむきとります。

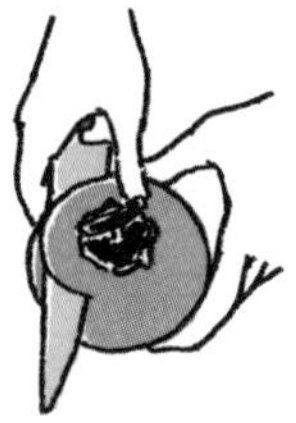

❷柿をつるす

柿の果柄をひもで結んだり、ひもの〝撚《よ》り〟を開いて差し込んだりし(左図)、高いところからつるせるようにします。**一個一個の柿の間をあけて、柿どうしがくっつかないようにすることが大事です**。くっついたまま乾くと、離すときに破れて形が悪くなり、そこから傷んだりカビが生えたりします。

これを竿などにぶら下げます。大量だと重いので、地面に落とさないように注意します。

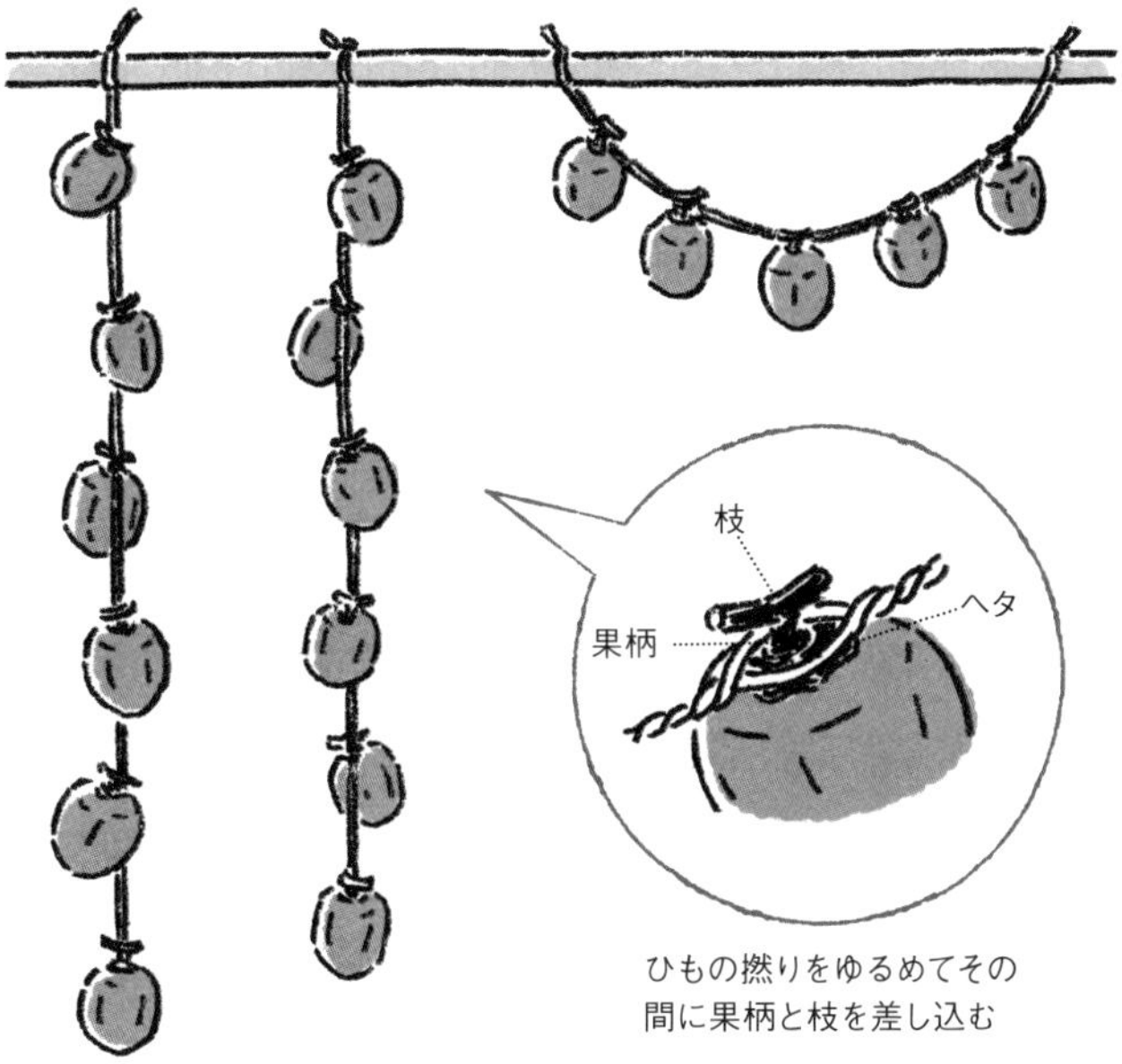

ひもの撚りをゆるめてその間に果柄と枝を差し込む

ハンガーも便利！

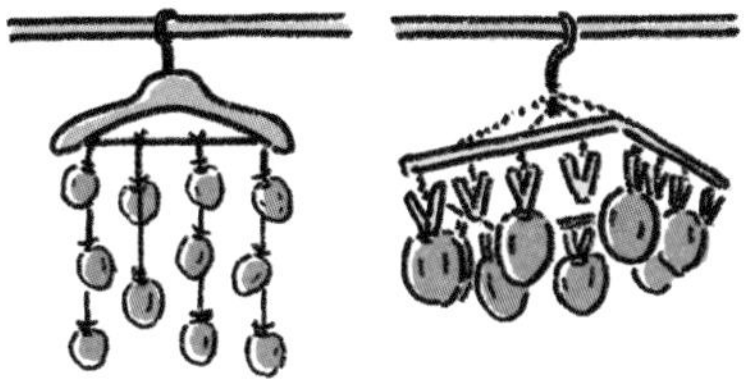

ピンチでひとつずつはさめばひもは不要。あるいは、柿をつるしたひもをハンガーにぶらさげても。移動させやすいです。

ヘタや果柄がとれたら?

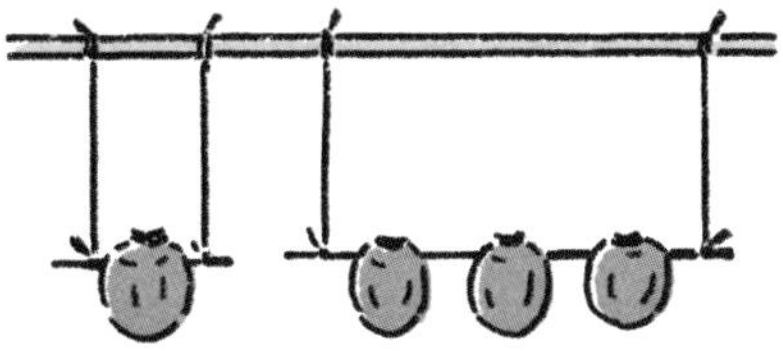

竹串などで柿の上のほうを刺し、竹串の両端をひもで竿につるせばOK。

少量を干すとき

1本のひもの端に1個か2個つるします。竿にかけるときは、柿どうしがくっつかないように、ひもの長さを変えて位置をずらすと狭い場所でも干せます。

❸干し上がるまで

屋外で風通しのよい場所につるします。軒下など屋根があると、急な雨のときにも安心です。肌寒く、**晴れて乾燥した気候のときに干すのがベストです**。雨が降り、柿が湿りそうなら、室内に取り込みます。表面が湿っているとカビが生えるので注意します。

時間をかけて干すことで、タンニンが水に溶けない形になり、渋が抜けていきます。また、柿の表面だけでなく中の水分も抜け、甘みが凝縮されてネッチリした食感が生まれます。

【手入れ】

1週間～10日ほどして表面が乾いてきたら、全体を手でそっともみながら、柿を平たくします。かたいところがあればもみほぐします。1～2回行なうと、全体が同じやわらかさになり、形もきれいに仕上がります。清潔な手でやりましょう。

【干し上がり】

好みのかたさになったら取り込みます。干す前の重さと比較しても判断できます。

やわらかめ…干す前の半分の重量

かため…干す前の1／3～1／4の重量

【保存の方法】

かたく乾いた干し柿なら、冬の低温の室内で半月は保存できます。長期保存ならポリ袋に入れて冷凍するのがおすすめ。やわらかめはカビやすいので早めに冷凍を。干し柿は糖度が高く完全には凍らないので、自然解凍で食べられます。

干し柿の「粉《こ》」とは？ ふかすにはどうしたらいい？

表面に粉のふいた干し柿は、見た目も美しく、いっそう甘く感じます。この白い粉は、果実内からしみ出た糖分が結晶化したものです。

ただ柿を干すだけでは、粉をふかせることはできません。いくつかポイントがあります。ひとつは、干している途中で柿を「もむ」ことです（上図参照）。果実内の水分と糖の移動が促され、粉が出やすくなると考えられています。もうひとつは、柿を「寝かせる」こと。干し上がりに近い柿を、乾燥しないようにフタつき容器などに入れ、寒い場所に数日おく（寝かせる）と、水分とともに糖が果実の表面ににじみ出てきます。これを再び干して冷気を当てることで、水分だけが飛んで糖が結晶化し、白く粉をふくのです。

かつては、保湿性と吸水性のある稲ワラに、干し柿をはさんで寝かせていました。稲ワラが手に入りにくくなった現在では、密閉容器や紙製の空き箱、書道用の半紙、米袋なども使われています。

干し柿づくりQ&A

Q 渋柿はどこで入手することができますか？

A 干し柿産地のインターネット通販や直売所などで買いましょう。富士（福島、宮城、山梨）、愛宕（愛媛、徳島）、三社（富山）、市田柿（長野）など地域ごとに品種があります。もし、近所に木にならしっぱなしの渋柿があるなら、家の方に声をかけて分けてもらうのもひとつの手です。

Q 甘柿で干し柿はできますか？

A もちろんできます。ただ、渋柿のほうが甘みの強い品種が多いので、干しても渋柿の干し柿ほど甘くなりません。大きな柿は丸のままだと干す期間も長くなるので、切ってザルに並べて干してもいいでしょう。熟してやわらかくなった柿は干し柿には向きません。

Q 柿をつるす場所がないのですが、他に干し方はありますか？

A ザルを使っても干せます。柿の皮をむいたら、ヘタを下にして、柿どうしがくっつかないように平らなザルに並べます。ザルに果肉がくっつくとはがすときに破れてしまうので、1日2回ほど位置を移動させて表面全体が乾くようにします。手入れや干し上がりの目安は、15ページを参考にしてください。

カットして干すのもおすすめです。ヘタをとって4つ割りにし、皮をむいて種もとって干します。まるごと干すよりも乾くのが早く、食べやすいサイズに仕上がります。

Q カビが生えてしまったら、もう食べられませんか？

A 小さいうちに取り除けば大丈夫です。初めは白い小さな点がポツポツと見え始め、次第に青カビが広がります。小さいうちにピンセットなどでつまみとって、そのまま干し上げれば問題ありません。ただし、カビが広がってしまったら、もったいないですが捨てましょう。

Q 干しているうちに、部分的に黒ずみができましたが、これは何でしょう？

A それはタンニンです。たまたまそこにタンニンがかたまったためそう見えるのです。干し上がった柿のタンニンは水に溶けない形に変わっているので、渋みもなく問題なく食べられます。

柿の成長途中で傷ができたときなどにも、防御反応でその箇所にタンニンが増え、黒く見えることがあります。

Q 市販の干し柿のように、鮮やかなだいだい色にならないのですが…。

A 色鮮やかな干し柿は、柿の皮をむいたあとに硫黄燻蒸《いおうくんじょう》してから干したものが多いです。硫黄の粉を熱することで発生する亜硫酸ガスが、果肉の表面の酸化を抑え、変色を防ぎます。そのため、生柿のようなだいだい色を保てるのです。干す間に、ガスはほとんど消失します。家庭で燻蒸処理をするのは難しいので、どうしても仕上がりは茶色っぽくなりますが、味に影響はなく、同様においしく食べられます。

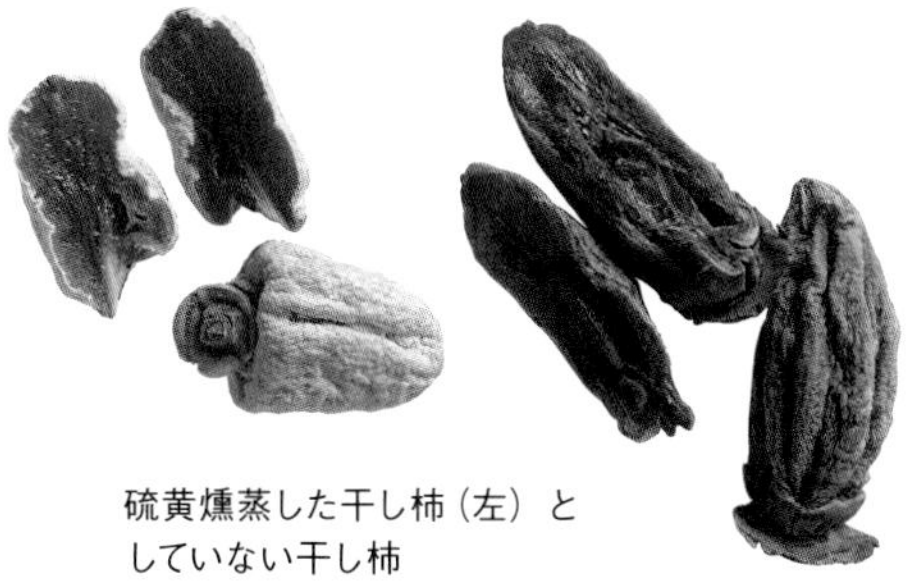

硫黄燻蒸した干し柿（左）としていない干し柿

農家に教わる 干し柿アイデア集

カビ対策から、かたい干し柿の食べ方まで。農家に教わった、干し柿のつくり方、活用法のアイデアを紹介します。

きれいに粉をふかせるコツは柿の表面をしっとりさせること

柿園を営み、干し柿、柿酢、渋柿などの加工品を販売しています。干し柿は、白い粉をふかせるために、2週間ほど干したら一度取り込んで中の種を動かすようにもみ、タッパーなどの密閉容器に入れています。寒い室内か冷蔵庫に二晩ほどおくと、柿の表面に水分がにじんでしっとりしてくるんです。

これを、外で再度干して水分を飛ばすと、きれいに白い粉がふきます。お客さんからも「見た目が美しい」と好評です。

（広島県　宗八重子さん）

先端の皮をむかずに残せば干した柿が落っこちない

柿を干して2週間ほどたった頃に、重みでヘタからはずれて落ちてしまうことがあって悩んでいました。あるとき、落ちなかった柿は、先端の皮が少しだけ残っているのに気づきました。

そこで次から先端の皮を1cmほど残して干したら、落ちなくなりました。干し上がっても皮はついたままですが、気にせず一緒に食べてしまいます。　（佐賀県　吉原久之さん）

五倍酢をかけたらカビが消えた！

カビ予防として熱湯にくぐらせたり、焼酎をかけたりしてきましたが、効果がありませんでした。でもあるとき、カビが生え始めた柿に、五倍酢（通常の酢を5倍に濃縮したもの）を全体が湿るくらいふきかけたら、翌日カビが消えていたんです。

それからはカビが生えるたびに五倍酢をかけています。柿はやや黒っぽくなりますが、すっぱい味やにおいは残りません。　（岡山県　小林初枝さん）

かたくなった干し柿は酢漬けにするとおいしい

毎年干し柿をつくっています。昔はかたくなった干し柿は捨てていたのですが、実家でよく出た柿なますを思い出し、「柿と酢は合うのでは？」と酢漬けにしてみたところ大成功。

干し柿をひたひたの酢に2週間ほど漬けるだけ。柿の甘さで酢の酸味が和らぎ、やわらかくておいしいデザートになります。穀物酢など、酸味の強い酢を使うのがおすすめです。（宮城県　阿部あつ子さん）

干し柿農家の「99％失敗しないレシピ」

広島●尾道柿園（宗 康司さん）

干し柿、柿酢、柿渋などの加工品をつくって販売する尾道柿園。お客さんに配布している「99％失敗しないレシピ」のポイントを教わった。

①皮は縦にむくと仕上がりがきれい

むきにくいヘタのまわりだけナイフや包丁でむき、あとはピーラーで縦にむくと仕上がりがきれい。

すべらないように軍手を使う。ヘタの上の枝は落とさないように。ナイフよりカッターナイフのほうが、すべらずむきやすい。

②つるすひもは輪にして落下防止

ビニールの撚りひもをゆるめてできる穴に枝をはさむ。柿どうしがぶつからないよう、8㎝ほどずつ離す。12～13個ほど挟んだら、ひもの端と端を結んで輪にする。物干し竿などにかけるときに手をすべらせて落下するのを防げる。

③つっかえ棒で輪を広げる

輪を物干し竿などに通して干す。竹でつくったつっかえ棒を輪の上部にはさむと輪が広がり、柿どうしがぶつからない。干す場所は軒下やベランダ、車庫など屋根があるところに。

④最初の2週間が肝心

干し始めの表面の乾燥が大事。晴天が1週間続くときに干せるとベスト。屋根の下で干す場合は、最初の1週間は夜も出しっぱなしでよいが、雨や霧が予想される場合は室内へ。万が一、雨が2日続いたら部屋の中で扇風機に当てる。

2週目は、毎日夜は室内に取り込み、朝露がつかないように管理する。

⑤冷凍で「ころ柿」に仕上げる

中がとろりとした「あんぽ柿」が好きなら、2週間ほど干して芯までやわらかくなって渋みが抜けていれば完成。白い粉（糖分の結晶）がまわりにふいた「ころ柿」をつくるなら、1個ずつラップでくるんで冷凍庫に入れる。1カ月ほど冷凍して白い粉が出たら完成。

皮のむき方

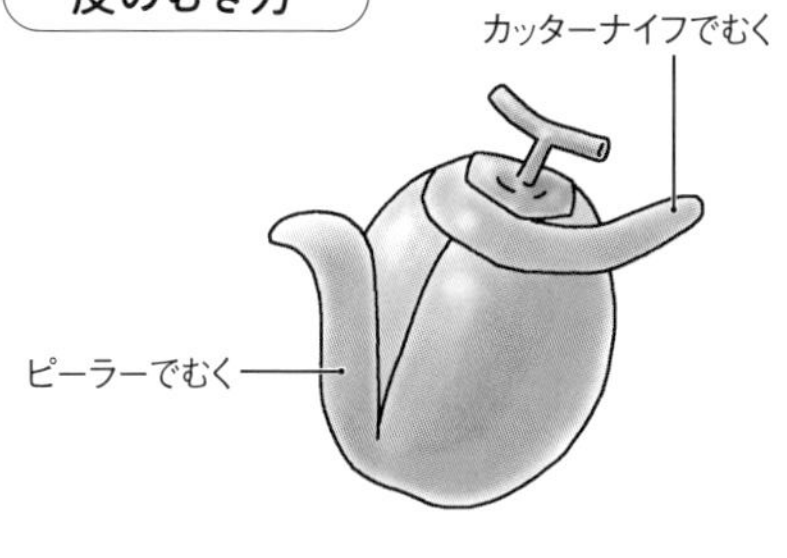

ひもの結び方

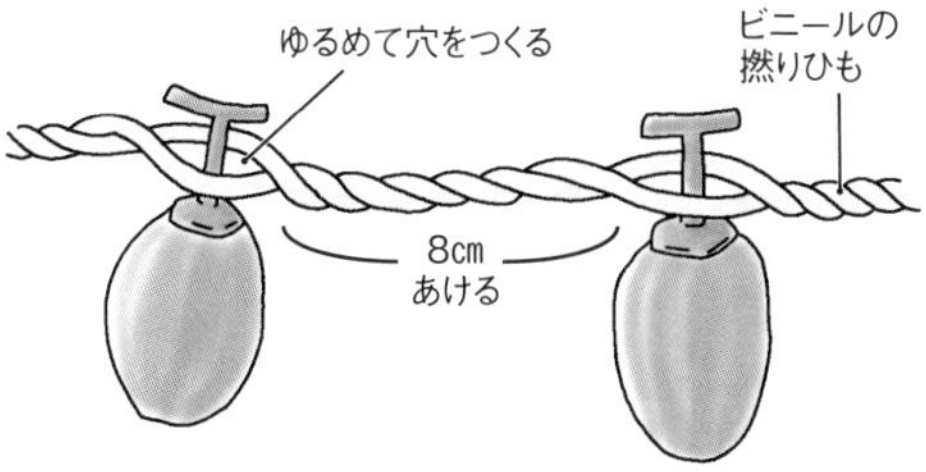

輪にする干し方

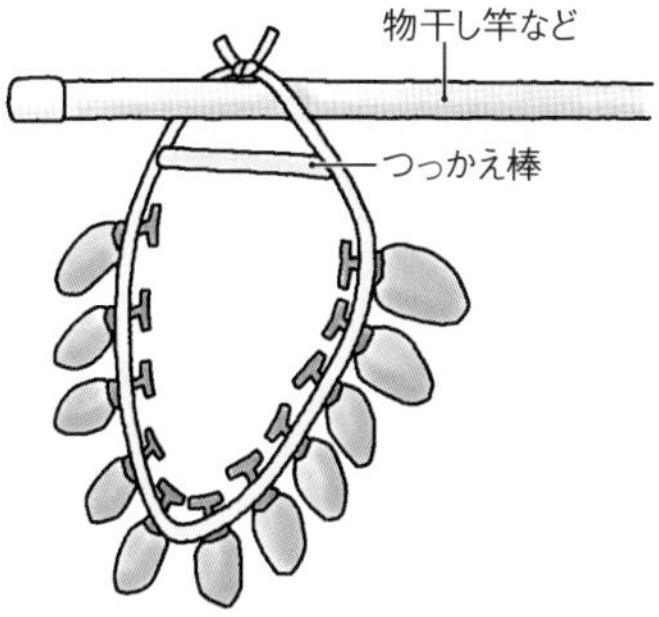

飛田和緒さんの 干し柿でつくるひと皿

秋になると、自宅のベランダで
柿を干すという飛田和緒さん。
できあがった干し柿は
バターをのせたり、サラダに入れたり
ひと手間加えて食べることも多いそう。
手軽にできるひと皿を教えてもらいました。

料理・レシピ＝飛田和緒　写真＝五十嵐 公
スタイリング＝本郷由紀子

ひだ・かずを／東京生まれ。シンプルでつくりやすい家庭料理や保存食のレシピが人気。近著に『素材1つで作りおく　ひだめしの素』（KADOKAWA）、『塩、しょうゆ、みそで飛田式おかず』（西東社）など。

生の柿にはない食感と甘み 乳製品やサラダともよく合います

もともと干し柿が大好きで、母が毎年手づくりしていたこともあり、自分でもつくるようになりました。近所の方が、庭でとれた渋柿をたくさん分けてくださるんです。

9～10月はまだ湿度が高いので、11月に入って、部屋に加湿器を置くくらい空気が乾燥してきてから干すようにしています。雨に当たったら、さっと熱湯にくぐらせて消毒。そうすれば、カビが生えることはほぼありません。

できた干し柿は、ラップで包んで冷凍庫へ。食べたいときに自然解凍します。たいていそのままパクパクつまんでしまうのですが、ちょっと手を加えるとそれもまたおいしいんです。とくに乳製品と相性がいいので、バターをのせたり、ヨーグルトに混ぜたりして食べます。

かたすぎる干し柿は、薄く切ってサラダやなます、白和えに入れると、他の食材の水分でやわらかくなるのでおいしく食べられますよ。ラム酒に漬けてふやかせば、ラムレーズンのように使えます。

サラダなどは生の柿を使うこともありますが、干し柿バターや天ぷら（18ページ）は、ねっとり甘い干し柿だからこそのおいしさだと思います。

干し柿バター

口溶けのよい冷たいバターが ねっとり甘い干し柿によく合う

〈材料〉

干し柿（あればかため）…適量
無塩バター…適量（冷やす）

〈つくり方〉

干し柿を食べやすい大きさに切る。種があれば除き、くぼみに無塩バターを塗り込む。発酵バターなら、すっきりした味わいで柿の甘さがより引き立つ。

◎ここでは、かためとやわらかめの２種類の干し柿を使っていますが、やわらかめのほうは燻蒸したものなので、色が鮮やかです。以下のレシピに指定がなければ、どんな干し柿でもおいしくつくることができます。

干し柿の天ぷら

**ふんわりした衣で包んだ
揚げ菓子のような天ぷら
おやつやお茶うけにどうぞ**

〈材料〉 2個
干し柿…2個
小麦粉…1/4カップ
塩…ひとつまみ
冷水…大さじ3
揚げ油…適量

〈つくり方〉

1　ボウルに小麦粉と塩を入れる。冷水を加えて溶き、ややかための衣をつくる。

2　鍋に油を入れて170℃に熱する。

3　**1**に干し柿をくぐらせて揚げる。衣がかたまったら引き上げて油を切る。熱いうちに何もつけずに食べる。

◎市販の天ぷら粉でもつくれる。その場合は塩は入れず、表示の分量よりやや少なめの水で溶く。

干し柿入り キャロットラペ

レーズン代わりに入れた干し柿が
全体の味をまろやかにします

〈材料〉 つくりやすい分量

- にんじん…1本（約150g）
- 塩…1.5g（にんじんの1%重量）

干し柿…1個

ワインビネガー…小さじ1

〈つくり方〉

1　にんじんは皮をむいてせん切りにする。ボウルに入れ、塩を加えて軽く混ぜ、15分ほどおく。干し柿は細切りにする。

2　**1**のにんじんから水気が出たら、ボウルにたまった水を捨てる。にんじんの水気はしぼらない。

3　ワインビネガーを加えて10分ほどおき、なじませる。**1**の干し柿を加えて軽く和える。

◎好みで黒こしょうをふってもおいしい。

干し柿と 春菊のサラダ

干し柿の甘み、黒酢の酸味
春菊の苦みのバランスが絶妙

〈材料〉 2人分

干し柿…2個

春菊…1/2束

A
- 塩…ふたつまみ
- ナンプラー…少々
- 黒酢…小さじ2
- オリーブオイル…大さじ1

〈つくり方〉

1　干し柿はくし形切りにする。

2　春菊は葉を摘み、冷水につけてパリッとさせ、水気をしっかりと切る。

3　ボウルにAを合わせ、乳化するまでよくかき混ぜる。食べる直前に**1**と**2**を入れて軽く和え、器に盛る。

かたくなった
干し柿もおいしく!

干し柿の ラム酒漬け

かたい干し柿がふっくら戻る
ラムの甘い香りを楽しんで

〈つくり方〉
干し柿をビンに詰め、干し柿の高さの半分よりやや上までラム酒を注ぐ。ときどきビンを逆さまにして、全体にラム酒をなじませる。1週間ほど漬けてできあがり。長く漬けすぎると果肉が溶けることがあるので、2週間を目安に食べ切る。

〈食べ方・使い方〉
アイスクリームや生クリームに添えて食べる。刻んでパウンドケーキなどに混ぜてもおいしい。

アイスクリーム ラム酒漬け添え

芳醇なラム酒漬けと
クリーミーなアイスがぴったり

ヨーグルト漬けも おすすめ!

お酒が苦手な人や子どもにおすすめなのが、ヨーグルト漬けです。ヨーグルトの水分（ホエー）が、かたくなった柿をやわらかくしてくれます。漬けたあとのヨーグルトごと食べられます。

〈つくり方〉
無糖ヨーグルト1パック（400g）に干し柿3～4個を入れて一晩おく。干し柿がやわらかくなり、ヨーグルトの水気がなくなって水切りヨーグルトのようになったら食べ頃。ヨーグルトと混ぜながら食べる。柿の大きさやかたさによっては一晩では戻らないことがあるので、様子を見てもう一晩おく。

アイスクリームラム酒漬け添え

〈つくり方〉

器にバニラアイスクリームを盛りつけ、干し柿のラム酒漬けを適量添える。柿が大きければ食べやすい大きさに切る。混ぜながら食べる。

ラム酒漬け入りパンケーキ

〈材料〉3枚分

干し柿のラム酒漬け…2～3個

A
- 卵…1個
- 牛乳…1/2カップ
- 砂糖…20g
- 植物油…小さじ2

B
- 小麦粉…100g
- ベーキングパウダー…小さじ1

【クリーム】

サワークリーム…50g

生クリーム…小さじ1と1/2

〈つくり方〉

1　干し柿は汁気を切り、粗めに刻む。

2　ボウルにAを合わせて混ぜ、Bをザルでふるい入れる。

3　**1**を加えてさっくりと混ぜる。

4　フライパンを火にかけて温める（鉄のフライパンの場合は油（分量外）を薄くひく）。**3**の生地をお玉1杯分流し入れる。中火と弱火の中間の火加減で焼く。こんがりとして、表面に気泡が出てきたら裏返して焼く。煙が出るくらいフライパンが高温になったら、その都度濡れ布巾の上に置いて温度を下げるときれいに焼ける。

5　器に盛り、サワークリームと生クリームを混ぜて添える。

◎ホイップクリームや水切りヨーグルトなどを添えてもおいしい。

干し柿のぎゅっと詰まった甘みと
食感がアクセントになる
ラムが香る大人のパンケーキ

チョコと一緒に

干し柿と くるみのチョコ

干し柿でくるみを巻いた
かんたんおやつ
一口サイズでも満足感あり

写真=奥山淳志　料理=安部智穂

〈材料〉 干し柿3個分

干し柿…3個（ヘタを取り種を除く）
くるみ…山盛り大さじ3（粗く刻む）
製菓用チョコレート…50g
カカオニブ*…適量

*殻を取り除いたカカオ豆を砕いたもの。

〈つくり方〉

1　干し柿は観音開きにする。

2　オーブンシートではさみ、上からすりこぎでたたいて平らにのばす。

3　広げた干し柿の上にくるみを散らし、柿を端から海苔巻きのように巻いてオーブンシートでしっかりと包む。落ち着いたら包みを開き、包丁で薄く切る。

4　オーブンシートに、湯せんしたチョコレートを500円玉大に広げる。**3**をのせ、チョコレートをかける。カカオニブを散らし、冷蔵庫で冷やし固める。

あんぽ柿のフォンデュ

干し柿のもつ
自然な甘みと
ショコラが絶妙に溶け合います

写真＝武藤奈緒美　料理・スタイリング＝ Hikaru

〈材料〉あんぽ柿1個分
あんぽ柿…1個
チョコレート（ブラック）…30g
生クリーム…大さじ1
はちみつ…小さじ1
ミントの葉…適量

〈つくり方〉
1　ボウルに刻んだチョコレートを入れ、湯煎にかけてへらでゆっくり溶かす。
2　別のボウルで生クリームとはちみつを混ぜ合わせたものを、**1**に加えて混ぜる。
3　あんぽ柿のヘタをとり、真ん中にくぼみをつくり、**2**が温かいうちに詰める。
4　あんぽ柿とチョコレートを混ぜながらスプーンですくい、添えたミントの葉とともにいただく。

ふるさとの味

柿なます

大根に干し柿を合わせると、色鮮やかな紅白なますに。
さっぱりしたなますに甘みが加わり、優しい味わい

写真=小林キユウ
料理=編集部

〈材料〉

大根…400g
塩…小さじ1（野菜の1.5%重量）
干し柿…小2個（量は好みで）
【合わせ酢】
酢…大さじ3弱
砂糖…大さじ1
塩…小さじ2/3

〈つくり方〉

1　大根は皮をむいてせん切りにする。干し柿は太めのせん切りにする。
2　大根に塩をまぶし、水分が出てきたらよくもむ。しばらくおいて水分を絞る。
3　合わせ酢の材料を混ぜて溶き、**2**を和える。
4　**3**と干し柿を和える。

まだある 干し柿のアレンジいろいろ

●干し柿のしそ巻き
干し柿の種を取り、ひと口大に切る。しその葉で包み、容器に入れる。砂糖をかけ、梅酒をひたひたにかける。2～3日で食べられる。

●干し柿の焼酎漬け
干し柿を容器に入れ、ひたひたの焼酎に漬ける。干し柿がやわらかければ、翌日から食べられる。

●干し柿のクリームチーズディップ
干し柿の焼酎漬けを刻み、クリームチーズと混ぜ合わせる。

●干し柿のアイスクリーム
干し柿をブランデーに漬け、1週間以上おく。細かく刻んでバニラアイスクリームに混ぜる。

＊　＊　＊

干し柿は、日本に昔からあるドライフルーツ。長期保存ができるので、かつては冬の貴重な甘味源でした。そのまま食べるのはもちろん、砂糖の代わりに料理にも利用されてきました。「歯がため」といって正月に食べる習慣のある地域もあります。

焼酎やブランデーに漬けると、上品な大人のスイーツにも。冷凍保存でさらに長持ちするので、たくさんつくって常備しておくと一年中楽しめます。

写真=小林キユウ　料理=編集部　スタイリング=本郷由紀子

干し柿とごぼうの天ぷら

〈材料〉４人分
干し柿…4個
ごぼう…1/4本
小麦粉、水、揚げ油…適量

〈つくり方〉
1　干し柿は厚いものは薄く２枚に切り、ごぼうは5㎝長さのせん切りにする。
2　小麦粉を水で溶き、衣をつくる。干し柿に衣をつけ、その上に衣をつけたごぼうを４～５本のせて、油で揚げる。

大根の巻き漬け

〈材料〉24個分
大根…1/4本
干し柿…4個
【甘酢】
砂糖…大さじ1
酢…大さじ6
塩…小さじ1

〈つくり方〉
1　大根を２～３㎜の輪切りにして1日干し、しんなりさせる。
2　干し柿は縦に６等分し、種を取って大根で巻く。
3　容器に並べ、混ぜ合わせた甘酢を上からかけて、味がなじむまでおく。

＊2の段階で、木綿糸に巻いた大根を数珠のように通し、ぶら下げてカリカリになるまで乾かしておき、必要なときに甘酢に漬けてもよい。

干し柿以外の柿の料理とおやつ

ちょっとおしゃれなお菓子から、おかずの一品まで。
柿の魅力を生かした、とっておきのレシピをご紹介。

半乾きの冷凍柿（写真＝田中康弘）

農家の柿の料理とおやつ

コリコリとして甘い　半乾きの冷凍柿

文＝愛知県豊橋市・牧野修伎代　写真＝田中康弘

柿が一年中食べられる

柿が大好きな私の姉が、一年中食べられるようにとつくったのが、半乾きの冷凍柿です。カットした甘柿を、2～3日干してから冷凍室に入れたものです。春に姉の家に行ったときにそれを食べたのがきっかけで、私もつくり始めました。

歯ごたえがあって甘い

半乾きの冷凍柿は、干して水分を抜いてから冷凍しているので、歯ごたえがあり、甘さが強いのが特徴です。いただきもののお返しにあげると喜んでもらえますし、畑に持って行けば10時と3時のおやつにもってこいです。お菓子より冷凍柿のほうが売れ行きがいいほどです。冬の農閑期に暖房の効いた部屋でおしゃべりしながら友だちと食べるのも最高です。

2～3日干すと形が崩れない

つくり方はかんたん。皮をむき、大きさにもよりますが、16分割くらいに切ります。もっと厚く切ってもいいのですが、そうすると乾きが遅くなってしまいます。逆に薄くすると乾きすぎてかたくなり、パリパリして柿本来の味がなくなります。

2～3日干して表面がかたくなったらビニール袋に入れて冷凍室に入れておきます。カットした柿は平らになるので場所もとりません。

切ってすぐに冷凍してしまうと、冷凍室から出して少しするとドロドロ、ベタベタになり、形が崩れてしまって食べられません。シャーベットとして食べるならいいかもしれませんが、やはり干してから冷凍したほうが表面が乾いているので、冷凍室から出して時間がたっても手で持って食べられます。

冷凍干し柿を食べる牧野修伎代さんと夫の克之さん

冷凍した干し柿。糖分が高いので凍らず、
冷凍室から出してもドロドロにならない

こちらはそのまま冷凍した甘柿。夏に畑に持って行くと、10時のおやつの頃には皮がペロリとむける。トロリとした食感

二日酔いに、高血圧にいい

他にも甘柿をそのまま冷凍室に入れたものもあります。富有柿と次郎柿を冷凍していますが、皮がきれいにむけておいしいのは次郎柿のほうです。干し柿も冷凍してあります。糖分があるため凍らないので、出して時間がたってもドロドロせず、おいしくやわらかい干し柿がすぐ食べられます。

冷凍した干し柿をお父さんの仲間にあげると「二日酔いにいい」と喜ばれます。また、柿は生でも干し柿でも高血圧にいいそうです。亡くなった義母が高血圧でクスリを飲んでいたのですが、柿が好きでよく食べていました。秋になるとお医者様から「なぜ血圧が正常になるの？」と不思議がられていました。

柿を冷凍して一年中食べていれば体も健康でいられそうです。

半乾きの柿（次郎柿）を冷凍したもの。コリコリとして甘みが強いので、みんなに驚かれる

〈つくり方〉

1 柿の皮をむき、16分割くらいに切る。
2 2～3日干す。
3 表面がかたくなったらビニール袋に入れて冷凍室に入れる。

トロトロ
ぷりっぷり
冷凍渋柿

渋柿（写真＝黒澤義教）

冷凍で渋が抜ける

渋柿を冷凍してかんたんに脱渋している農家もいる。渋柿をたった2〜3日（長くても7日）冷凍しただけで、解凍後、トロトロ、ぷりっぷりの甘いスイーツに早変わりするという。

手順は、ヘタをとり、皮をむき、まるごと冷凍室に数日間入れ、冷蔵庫あるいは常温で解凍して食べるだけ。皮つきのまま冷凍しても甘くなるが、皮の内側に渋みが残るとのこと。脱渋の確認用に、1個を薄切りにして冷凍しておくと柿がムダにならないとも。

冷凍でタンニンが壊れ、果肉のペクチンとくっつく

冷凍で渋が抜けるとすれば、いったいどんなしくみなのだろうか。柿に詳しい香川大学名誉教授の北川博敏先生に聞いてみた。

先生によると、渋柿は凍結することによって確かに脱渋する。柿の渋みのもとであるタンニン細胞が凍結と解凍によって壊れ、果肉に含まれるペクチンと結合して不溶化することで渋みが感じられなくなるのではないかという。中国北部の寒い地方では古くから実践されていたやり方だそうで、庭に浅い穴を掘って渋柿を埋めて凍らせ、その都度取り出して解凍して食べていたという。

もちろんこうした柿はやわらかく、流通には向かない。だからこのやり方は家庭でこそ楽しめる。今年はぜひ試してみたい。

冷凍で脱渋されるしくみ

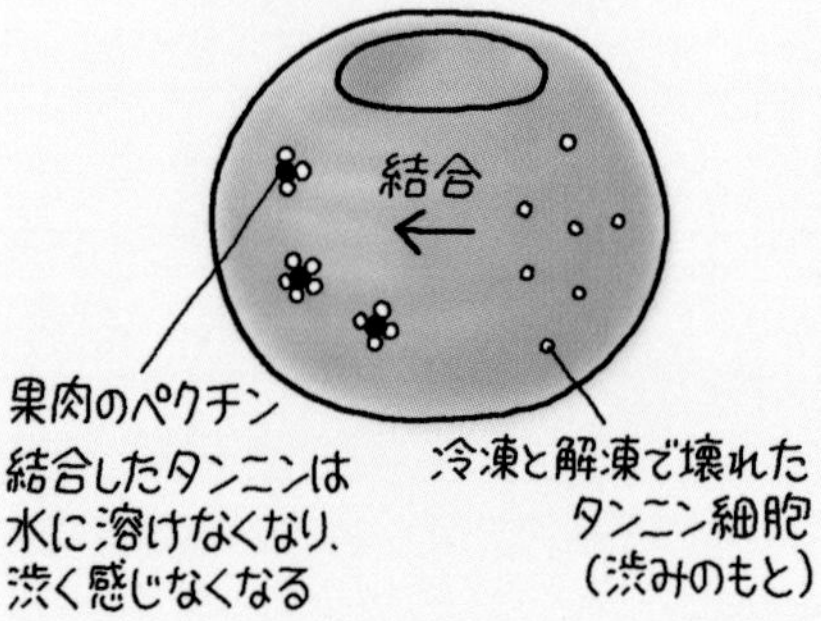

冷凍熟柿で「柿シェイク」

熊本●福馬則幸

熟柿を捨てないで冷凍

「太秋」という柿をご存じでしょうか。今までに食べたことのないような、サクッとした食感でジューシーな柿として人気急上昇中です。

　今回紹介する太秋のおいしい食べ方のひとつが「柿シェイク」。冷凍熟柿と牛乳をミキサーにかけるだけ。熟柿のくさみがまったくなく、口当たりがなめらかです。これは、当園の弘子ママが発案・開発し、全国のレストランや料理屋さんでも供されている「スイーツ」です。過熟ぎみになった柿を捨てないで冷凍柿として売ったのが開発のきっかけです。

どんな柿でもOK

　もちろん、柿ならどんな品種でもOK。柿が食べ切れないほどたくさんあって困るときがありますよね。そんなとき冷凍しておけば、いつでも柿シェイクが楽しめ、余さず食べ切ることができます。

太秋の冷凍柿と柿シェイク。どの柿でもできるが、太秋の柿シェイクの味は別格

つくり方は、冷凍柿をサイコロ状に切り、牛乳（濃厚タイプがおすすめ）と、お好みで生クリームを少し加えてミキサーに3～5秒かけるだけ。冷凍柿の形が少し残るくらいが、のどごしがよくおいしい

赤ちゃんも大好き！ やわらか柿チップ

島根●八木ミエコ

子どもの頃のおやつを思い出して

わが家は昭和58年から柿を栽培しています。私たちが子どもの頃は食べるものがなく、母親がよくさつまいもや柿でおやつをつくってくれました。それを思い出し、出荷できない規格外の柿を使って柿チップをつくることを考えました。

子どもの頃食べていた柿の干し菓子は、皮もむかずに種もついたまま、色も黒っぽく見栄えがしませんでした。売るとなるときれいに仕上げなければと思い、ひとつひとつ種と皮を取り除き、手間をかけています。

乾燥は様子を見てはひっくり返して、きれいな飴色に仕上げます。また、厚さをあまり薄くすると、ひっくり返すとき破けたり形が悪くなったりするので、1cmぐらいがちょうどいいと思います。厚さがあるのでカリカリにはならず、歯ごたえを楽しめます。

赤ちゃんや幼児に大人気

柿組合長のお孫さん、まだ言葉も話せない赤ちゃんだったのですが、「今まで大好きだったお菓子より、柿チップのほうが好きになった。なくなるまで食べるから見せられない」と聞き、「へえー」とビックリ。友人の3歳のお子さんも、喜んで食べてくれると聞きました。

柿チップのつくり方

1 柿の皮をむき、種を取り出す。お尻のほうが熟している柿は、その部分も取り除く。

2 1cmぐらいの輪切りにする。あまり薄くするとちぎれたり形が崩れたりするので注意。

3 晴天が続くときを選んで天日で干す。頃合いを見てひっくり返す。何度か繰り返し、味見して好みのかたさになったらできあがり。

（写真＝小倉かよ）

〈材料〉
柿…適量

〈つくり方〉
1　柿の皮をむき、食べやすい大きさにカットする。
2　ホットプレートを「強」で温め、柿をのせる。
3　焦げないように気をつけ、全体的に焼き色がつけばできあがり。

焼き柿

JA紀北かわかみ
●やっちょん広場

毎年特産の柿がとれる頃に行なう「柿まつり」で提案し、好評だったレシピです。表面はカリッとしていて、中はジューシー。熱を加えると柿の甘みが増し、ジャムのような味です。

柿に火が入りやすいよう、薄切りします。渋を抜いた柿でつくる場合は、焼いたあとに冷めると渋が戻るので、熱いうちに食べます。

渋柿ジャム

愛知●間宮正光

柿は加熱すると渋みが戻るので、渋柿は基本的にジャムに向かない。だが、そこへタンパク質のゼラチンを加えると、渋が戻らずおいしい渋柿ジャムがつくれる。

〈材料〉
柿…1kg
（果肉900gと皮100g）
グラニュー糖…400g
水飴…135g
レモン果汁…70cc
ゼラチン…70g
ペクチン…60g
ナツメグ…3g

〈つくり方〉
1　ゼラチンは水でふやかしておく。
2　柿の皮をむき、果肉の3分の2はザク切り、残り3分の1は柿の素材感を出すためにイチョウ切りにする。
3　ザク切りした果肉と皮を鍋で15分蒸し、裏ごしする。
4　**3**とイチョウ切りした果肉、グラニュー糖の半分を鍋に入れ、加熱する。少し煮詰まったら残りのグラニュー糖を加えて混ぜ、少しあとに水飴を加えて煮る。
5　糖度48度のときに、ペクチン、レモン果汁を加え、むらなく混ぜる。
6　ゼラチンとナツメグを加えて混ぜ、クチナシなどで好みの色に着色する。
※ゼラチンを入れると色が褪せるので、着色したほうがいい。
7　糖度50度になったら、ビンに詰める。フタを閉め、30分蒸して殺菌し、50～60度のお湯に入れてから水道水を流して冷やす（すぐに冷やすとビンが割れる）。

え!? 柿の漬け床!?

千葉●相原美恵子

仕上げに熟柿の床を少しかけてもおいしい（写真・料理＝小倉かよ）

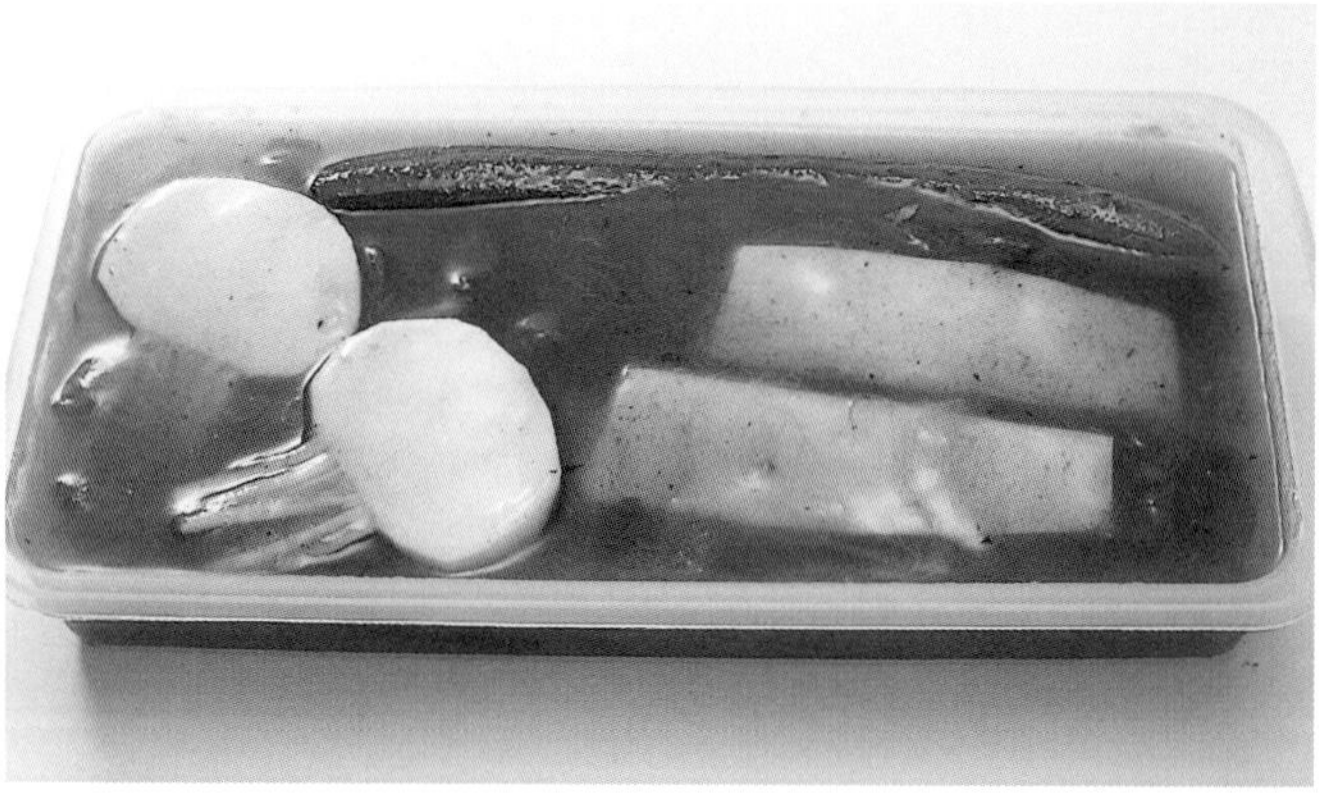

タッパーなどに漬け床と野菜を入れて冷蔵庫へ。2～3週間はもつ

熟しすぎて食べられなくなった柿を何かに使えないかと考えたのが、この漬け床です。野菜にほどよく柿の甘みがしみ込み、マイルドな味に。砂糖は使いませんので、体にいい自然な味です。大根やかぶなどは2日ほど漬けると、きれいなピンク色に仕上がります。

〈材料〉

野菜（大根・かぶ・にんじん・きゅうりなど）…適量
熟柿…4～5個
塩…大さじ1～2杯

〈つくり方〉

1　野菜を塩漬けにする。大根・かぶ・にんじんは皮をむき、4つ割りか2つ割りにしたものを塩分2～3%の塩水（分量外）に2日ほど漬ける（重石をするとなおよい）。きゅうりはまるごと塩もみして一晩おく。

2　熟柿を皮ごとつぶし、塩と混ぜる。

3　しんなりした**1**をひたひたになるように**2**に漬ける。

※一晩で食べられるが、楽しみたい場合は二晩漬ける。

中まで飴色になった柿の味噌漬け（写真・料理＝小倉かよ）

柿の味噌漬け

新潟●渡辺トモ子

〈材料〉

色づき始めた渋柿…10kg
塩…800ｇ
味噌（当地では赤味噌）…5kg

〈つくり方〉

1　柿の皮をむき、丸のまま漬物樽に入れる。
2　柿の上から塩を入れ、重石をのせて冷暗所に10日くらいおく。
3　柿を取り出し、上がってきた塩水を切る。
4　漬物樽に柿を戻し、隙間ができないように柿が隠れるまで味噌を詰めて重石をのせる。
5　20日くらいおくと渋が抜け、食べられるようになる。

柿の味噌漬けは、当地では昔からつくられている。わが家では30㎝×25㎝くらいの手桶に味噌を取り、その中へおけさ柿（渋柿・平核なしともいう）を皮をむかないで5～6個入れ、渋が抜けるのを待って食べた（皮をむいたほうが渋抜けは早い）。柿は飴色になり、独特の甘みが出る。

柿と一緒にきゅうりやなす、にんじん、ごぼう、しょうがなどを入れて漬けてもいい。

熟柿のドレッシング

長野●前島美恵子

熟した柿があれば、誰でもつくれます。他の果物にはない甘さと色のよさが特徴です。なお、ドレッシングのつくりおきは、渋みが出るので避けたほうがいいです。

野菜のグリーン、豆腐の白に柿のオレンジがきれい。
蒸し鶏などにも合う（写真・料理＝小倉かよ）

〈材料〉

熟柿…6個
サラダ油…小さじ1
豆腐…半丁
酢…50cc
塩こしょう…適量

〈つくり方〉

熟柿を裏ごしし、サラダ油、酢、塩こしょうを加えて、ドレッシングをつくる。

中川たまさんの 柿のお菓子

柿の甘さを引き立てるのは、かんきつの酸味や洋酒の風味。
他の果物の代わりではなく
柿だからおいしいスイーツを教えてもらいました。

料理・レシピ＝中川たま
写真＝武藤奈緒美

なかがわ・たま／料理研究家。神奈川県逗子市在住。ケータリングユニット「にぎにぎ」で活動後、独立してイベントや雑誌などで活躍。旬の素材でつくるシンプルで味わい深い料理やお菓子が人気。料理教室も開く。詳しくはブログ「中川の根っこ」にて。

〈材料〉直径15㎝ケーキ型
かための柿…5個
（8等分にし皮をむき種を取る）
きび砂糖
（または上白糖）…50g
レモン果汁…2個分
白ワイン…大さじ1

【カラメル】
きび砂糖
（または上白糖）…80g
水…大さじ1と1/2
熱湯…大さじ1と1/2

【パイ生地】
強力粉…40g
薄力粉…40g
バター…40g（1㎝角に切る）
塩…ひとつまみ
冷水…40㎖

〈つくり方〉

1　パイ生地をつくる。ボウルに強力粉、薄力粉、塩を入れ、手でぐるぐるっと混ぜ合わせる。バターをボウルに入れ、バターに粉をまぶしながら手でつぶす。

2　ある程度つぶれたら両手ですり混ぜ、パン粉状にする。冷水を加え、ひとまとめにしてラップに包み、冷蔵庫で30分ほど寝かせる。

3　柿を煮る。鍋に柿、きび砂糖、レモン果汁、白ワインを入れてフタをし、柿がやわらかくなり煮汁がなくなるまで弱火で20〜30分煮る。粗熱が取れるまでバットに移して冷ます（写真①）。

4　柿を煮ている間にカラメルをつくる。小鍋にきび砂糖と水を入れ中火にかけ、濃いこげ茶色になったら火を止め熱湯を加える（写真②）。オーブンシートを敷いたケーキ型に流し入れて冷ます。

5　**4**の型に**3**の柿を並べ、ラップで覆い、上からぎゅっと押さえて平らにならす。

6　**2**のパイ生地を、打ち粉をした台の上で5㎜の厚さに麺棒でのし、型の大きさに成形し、フォークで全体に穴をあける。

7　**5**の柿の上にのせ、200℃に温めたオーブンで30分、パイ生地に焼き色がつくまで焼く。

8　オーブンから取り出し完全に冷めるまでおく。型を皿の上にひっくり返して抜く（写真③）。取り出しにくい場合は再度200℃のオーブンで5分焼き、すぐに型をひっくり返す。

食感が残るぐらいのやわらかさまで煮る

泡が小さくなって煙が出てきたら、熱湯を入れ、均一になるように鍋を回す

ひと回り大きな平皿などに伏せて、型をはずす

柿のタルトタタン

焦がしたカラメルが香ばしい
柿のコロコロした食感を楽しむパイ

甘酒マフィン

干し柿入りの軽い生地に
甘酒味のアイシングがアクセント

〈**材料**〉 マフィン型4個分

A
- 薄力粉…80g
- 全粒粉…20g
- アーモンドプードル…10g
- ベーキングパウダー…小さじ1
- 塩…ひとつまみ

B
- 豆乳…大さじ4
- 甘酒…大さじ4
- 植物油…大さじ2と1/2

干し柿…2個
ラム酒…適量
くるみ（炒って刻む）…10g

【アイシング】
粉砂糖…20g
甘酒…小さじ1/2～1
飾り用の干し柿…適量（細切り）

〈**つくり方**〉

1 干し柿を大きめに刻み、ラム酒に漬けてやわらかくしておく。
2 ボウルにBの材料を入れ、泡立て器でよく混ぜる。
3 **2**にAをふるい入れて混ぜ合わせ、粉っぽさが少し残っているときに**1**の干し柿、くるみを入れさっと混ぜる。
4 型に8分目まで生地を入れ、180℃に温めたオーブンで20～25分焼く。型に入れたまま網などにのせて冷ましておく。
5 ボウルに粉砂糖を入れ、甘酒を少しずつ加えながらトロリとさせる（アイシング）。
6 マフィンにアイシングをつけ（写真）飾り用の干し柿をのせ乾かす。

マフィンを持ってボウルに入ったアイシングをくぐらせる

柿とシナモンメイプルのジャム

角切りの柿をシナモン風味でまとめ
ふんわりパンケーキに添えます

〈材料〉つくりやすい分量
柿…2個（正味300g）
水…1/2カップ
白ワイン…1/4カップ
きび砂糖（または上白糖）…60g
メイプルシロップ…大さじ1
シナモンパウダー…小さじ1
レモン果汁…大さじ1

〈つくり方〉

1　柿を切って皮をむき、1㎝角程度に切る。

2　鍋に柿と水、白ワインを入れ中火にかける。沸騰したらアクを取り、弱火にして果肉がやわらかくなるまで15～20分煮る。

3　やわらかくなったらきび砂糖、メイプルシロップを加え、トロリとするまでさらに煮る。

4　シナモンパウダー、レモン果汁を加え、ひと煮立ちしたら火を止め、消毒した保存ビンに入れる。冷蔵庫で約2週間保存可能。クリームチーズと一緒に、パンケーキなどにつけていただく。

パンケーキ

〈材料〉直径8㎝×8枚分

A
- 薄力粉…100g
- 全粒粉…30g
- きび砂糖（または上白糖）…大さじ2
- ベーキングパウダー…大さじ1/2
- 塩…ふたつまみ

B
- 卵…1個
- 牛乳または豆乳…3/4カップ
- 植物油またはバター…少々

〈つくり方〉

1　ボウルにBを入れ、泡立て器でよく混ぜ合わせておく。

2　1にAをふるい入れ、粉っぽさがなくなるまでゴムべらで練らないようにさっくり混ぜる。

3　フライパンを弱めの中火で熱し、濡れ布巾にいったんのせて冷ます。

4　再び弱めの中火にかけ油を薄くひき、キッチンペーパーで余分な油を拭く。

5　生地をお玉に軽く1杯ほど、フライパンに流し入れる。表面に穴がプツプツあいてきたら裏返してきれいな焼き色がつくまで焼く。

完熟柿とバニラの羊羹

**完熟柿がゆずの香りでさわやか
寒天で固めたかんたんデザート**

〈材料〉12㎝×7.5㎝×4.5㎝の流し缶　1缶分
熟れた柿…400g
水…1/2カップ
粉寒天…2g
バニラビーンズ…1/4本
きび砂糖（または上白糖）…大さじ3
ゆず果汁…大さじ1
好みでブランデー…少々

〈つくり方〉
1　柿は皮ごと半分に切ってスプーンなどで果肉を取り出す。種は取り除く。実をミキサーやフードプロセッサーにかけてペースト状にする。
2　鍋に水、粉寒天、さやから取り出したバニラビーンズを入れ中火にかける。沸騰したら弱火にし、1～2分煮る。きび砂糖も加えて溶けたら火を止める。
3　**2**に**1**とゆず果汁、好みでブランデーを加え混ぜ合わせる。さっと水につけた型に流し入れ、冷やし固める。

柿のスパイスコンポート

**お酒の友にも箸休めにもなる
スパイスの効いたシロップ煮**

〈材料〉つくりやすい分量
柿…3個（500g）
白ワイン…3/4カップ
水…1カップ
きび砂糖（または上白糖）…100g
はちみつ…50g
シナモンスティック…2本
しょうがの薄切り…6枚
カルダモン…6個
クローブ…6個
ピンクペッパー…10粒
レモン果汁…大さじ1

〈つくり方〉
1　柿は8等分に切り皮をむき、種を取る。鍋にレモン果汁以外の材料を入れ（柿の種はガーゼなどに包み加える）、中火にかける。
2　沸騰したら弱火にし柿がやわらかくなるまで15～20分煮る。レモン果汁を加えて火を止める。
◎冷蔵庫で2週間保存可能。シロップは炭酸で割って飲んでもよい。

柿の渋と「渋戻り」の話

渋柿を生で食べると、口の中が渋いのなんの。でも焼酎をかけたり干し柿にしたりすると、あら不思議、渋が抜けて極上の甘さに変身してしまう。

いったい柿の渋って何？　渋が抜けるってどういうこと？

渋みの正体はタンニン

柿の渋の正体はタンニンというポリフェノールの一種だ。渋抜きした柿にはタンニンがないかというと、そうではなく、水に溶け出さない形に変わっているだけだ。

柿産地で知られる奈良県の岩本和彦さん（元果樹振興センター）によると、柿のタンニンはもともと水溶性なので、口に入れると溶け出して渋く感じる。渋抜き処理すると、柿の中にアセトアルデヒドという成分ができる。この成分がタンニンとくっついて大きくなると（タンニンどうしの結合もあり）水に溶けなくなるので、渋く感じなくなるのだという。

いろいろな脱渋法

例えば、柿を袋に入れて焼酎をふきかけ密封する「アルコール脱渋」（88ページ）の場合は、アセトアルデヒドのもとのアルコールを強制的に柿に吸わせる。

「アセトアルデヒドというのは、われわれの飲んだお酒が体内で分解される過程でできるものですわ。柿はこの状態が長く続くほど、渋がしっかり抜けるんです。ただ、渋抜きする袋が密封されていないとアルコールが揮発してしまうので、厚手の袋を使って、袋の口はしっかりと密封するわけです」

一方、「ドライアイス脱渋」や「温湯脱渋」は、どちらも空気を絶つことで、柿自身が持つ糖分からアルコールをつくらせてアセトアルデヒドをつくる。

干し柿の場合も、皮をむいて乾燥させるとアセトアルデヒドができるようだ。

加熱すると渋が戻る？

ところで、柿は加熱すると渋くなるので調理に向かないといわれているが、これも不溶性タンニンと関係がある。

農産加工に詳しい小清水正美さん（元神奈川県農業総合研究所員）によると、柿は甘柿でも渋柿でも加熱すると渋くなる（渋戻り）。これは、熱を加えると不溶化したタンニンの一部が溶け出すためだという。ジャムにすると渋みを感じるとか、焼き柿（33ページ）が冷めると渋くなるのは、このためだ。

しかし最近の研究で、タンパク質を加えるとタンニンが溶け出すのを防げることがわかってきている。革のなめしに柿渋が使われたり、お酒のにごりを沈めるのにも柿渋が使われたりするように、タンニンにはタンパク質とくっつく性質がある。この性質を生かせば、柿を加熱調理しても渋くならないというわけだ。

柿の加工に詳しい濵崎貞弘さんによると、タンニンは油でマスキングされると渋みを感じにくくなり、かえって油のこく味や旨みを増すという効果があるという。「柿と牛肉のオイスターソース炒め」（42ページ）「柿と豚肉のしょうが焼き」（43ページ）のように、柿はお肉の炒め料理との相性がよさそう。

渋戻りは、タンニンを多く含む渋柿でとくに感じやすい。「柿とシナモンメイプルのジャム」（39ページ）、「柿のスパイスコンポート」（40ページ）、「柿のタルトタタン」（36ページ）のように柿と油やタンパク質を合わせず、熱を加えるお菓子は、甘柿でつくったほうがよさそうだ。

前沢リカさんの 柿のおかず

柿は、肉やチーズと合わせてもおいしく
その自然な甘さで砂糖はいりません。
かんたんな炒めものから、
ちょっと手をかけた和えものまで紹介します。

料理・レシピ＝前沢リカ
写真＝武藤奈緒美

まえざわ・りか／茨城県生まれ。和食料理店で修業後、旬の野菜と乾物を主役とする「七草」を開店。秋になると、店では柿を使った料理が供される。料理教室も定期的に開催。著書に『野菜の料理教室』（KADOKAWA）、『野菜をひと干しきょうの一皿』（地球丸）など。
https://www.nana-kusa.net/

柿と牛肉の オイスターソース炒め

柿のコリコリ感と甘さは野菜と違うおいしさ
牛肉と相性のよい、ご飯に合う一品

〈材料〉 4人分
柿…1個（皮をむき1㎝角の拍子木切り）
牛肉（焼き肉用）…300g（1㎝幅の細切り）
にんにく…1片（薄切り）
好みで香菜（パクチー）…適量
オイスターソース…大さじ2
醤油…大さじ1
植物油…大さじ1と1/2
こしょう…少々

〈つくり方〉
1　オイスターソースと醤油を合わせる。
2　フライパンににんにくと油を合わせ中火にかける。にんにくの香りがたったら牛肉を加えて炒める。
3　肉の表面の色が変わったら柿を加える。1分ほど炒めたら**1**を回しかけてこしょうをふり、味が全体に絡んだら、器に盛り、好みで香菜を添える。

柿と豚肉の しょうが焼き

柿の甘さがみりんの代わり
しょうが風味の定番の味です

〈材料〉 4人分
柿…1個（皮をむき薄いくし形に切る）
豚肩ロース薄切り…300g
（食べやすい大きさに切る）
長ねぎ…30㎝
（縦半分にし5㎜幅の斜め切り）
植物油…大さじ1と1/2
A ┌ 酒…1/2カップ
　 │ 醤油…大さじ4
　 └ おろししょうが…30g分

〈つくり方〉
1　Aを合わせる。
2　フライパンに油を熱し、豚肉を炒める。表面の色が変わったら柿と**1**を加える。
3　汁気が1/3量ほどになったら、長ねぎを加えて、ざっと混ぜる程度に炒め、器に盛る。

干し柿と
ほうれん草の白和え

濃厚な衣で和えたほのかに甘い干し柿
ひと手間かけたおいしさです

つくりやすい分量

【白和え衣】約300g分
木綿豆腐…1丁（300g）
絹豆腐…1/2丁
A
- 白味噌（または普通の米味噌）…大さじ1
- 煮切りみりん…大さじ2
- 白練りごま…大さじ1
- 塩…少々

干し柿…2～3個（正味50g）
ほうれん草…50g
薄口醤油…小さじ1/4

〈つくり方〉

1　豆腐の水を切る。豆腐を半分の厚さに切り、さらしやキッチンペーパーなどに包んでバット、網の上に置き、上からもバットをのせ、1kgほどの重石をかけ1時間ほどおく。

2　さらしをはずし、豆腐の表面に残っている水分をしっかり拭きとる。

3　豆腐を大きめにちぎり、Aとともにフードプロセッサーにかけ*、なめらかなペースト状にする（和え衣）。

4　干し柿は縦に切れ目を入れて開く。種を取り除き、縦に3㎜厚さに切る。

5　ボウルに4と和え衣150g分**を合わせてよく混ぜ、冷蔵庫に半日ほどおく***。

6　ほうれん草をゆで、水気をよく絞って2㎝長さに切り、薄口醤油で和える。

7　食べる直前に5に6を加えてざっと混ぜる。

*フードプロセッサーがない場合は、すり鉢でする。舌触りはやや粗くなるが、それはそれでおいしい。

**和え衣は密閉容器に入れて冷蔵庫で3～4日保存可能。つくりおきしてもよい。

***干し柿と和え衣を合わせて半日～1日おくと、衣の水分を干し柿が吸って柿はしっとりし、衣の水っぽさもなくなる。

柿とカマンベールのサラダ

マリネした柿はサラダの素材にぴったり
ワインのおつまみにどうぞ

〈材料〉 4人分
柿…1個
カマンベールチーズ…1個
クレソン…適量
おろしたゆずの皮…適量
オリーブオイル…小さじ2
白ワインビネガー（または米酢）…小さじ2

〈つくり方〉

1　柿は皮をむき、くし形に薄切りにする。ボウルに入れ、オリーブオイル、白ワインビネガーと合わせ、10分ほどおいて味をなじませる。
2　カマンベールチーズを5㎜厚さに切り、**1**に加えざっと混ぜ、器に盛る。ボウルの底に、残ったオリーブオイルと白ワインビネガーがあれば、回しかける。
3　クレソンを添え、ゆずの皮をふる。

野菜の熟柿和え

トロトロの柿がさっぱり味のソースに
野菜がたっぷり食べられます

〈材料〉 つくりやすい分量
熟れた柿…1個（約140g）
米酢…小さじ2
醤油…小さじ1/4
大根…8㎝長さ
（正味250g・皮つきは320 ～ 350g）
塩…少々
しめじ…1/2袋（小房に分ける）
しょうがの薄切り…3枚（せん切り）

〈つくり方〉

1　柿を水平に半分に切り、スプーンで果肉をかき出す。
2　ボウルに**1**と米酢、醤油を加え、なめらかになるまでよく混ぜる。
3　大根は厚く皮をむき、マッチ棒状に切る。塩をふりかけてよく混ぜて、20分ほどおく。出てきた水分をしっかり絞る。
4　しめじはゆでてザルに上げ、粗熱がとれたらしっかり水気を絞る。
5　食べる直前に**3**、**4**、しょうがを**2**でざっと和えて、器に盛る。

◎時間がたつと水っぽくなるので、和えたらすぐにいただく。

柿渋をつくる、柿渋でつくる

柿渋は青い渋柿をつぶして発酵させたもの。
布や紙に塗ると丈夫になって長持ちするようになったりするので、
昔から暮らしの中で重宝されてきました。
ここでは柿渋を暮らしに生かすアイデアや、柿渋の効果、
短期間でかんたんに柿渋をつくる方法を紹介します。

柿渋づくりは夏の手仕事。青柿には、柿渋のもとになる水溶性タンニンが豊富 (写真=依田賢吾)

柿渋染めエプロン

文・文字＝早川ユミ　写真＝河上展儀

はじめて韓国へ旅したとき、柿渋染めの麻の農民服を古道具屋でみつけました。強くて、たくましく、どうどうとした、うつくしい柿渋染めのふうあいに、すっかり目をうばわれました。ほころびたり弱くなったりする農民服をなんども染め直しているんです。染め直してパリッと強くしたり、つくろったり、農民の衣服への思いが伝わってきました。

すこしまえの社会では、世界のあちらこちらで、経済に無縁の民族服や農民服が、つくろったり染め直ししながらたいせつに着られていました。愛着をもって長く着るために最適なのが、布をじょうぶにする柿渋染めです。

そして、わたしのまいにちの畑しごとや台所しごとやちくちくしごとにひつようなのが、エプロンです。このエプロンを韓国でみた柿渋染めで、つくってみたくなりました。

わたしはしごとをするときに、われをわすれて集中するので、いつもからだじゅうが、土やごはんや布にまみれてしまいます。でもこんなし

ごとのしかたが、わたしらしくてとても好きです。まみれて、まみれて、大好きな自然のなかで手をうごかしている幸せを感じ、はじめて生きていることを実感できるからです。

うつくしい国フランスでは、エプロンのことをタブリエといいます。ここでも農民や仕立て屋さんやたべものやさん、だれしもが、思いっきりしごとできるような、厚手のたのもしいタブリエをつけています。

エプロンは、わたしのからだを日々おおってくれるので、わたしのひふのいちぶのようになっています。あさ、エプロンのひもをしめると、さあしごと！という元気がおなかのそこ、丹田からわいてでてきます。

はやかわ・ゆみ／布作家。アジアの手織り布や山岳少数民族の布、草木染の布で衣服をつくり、全国各地で展覧会を開く。高知の棚田に小さな果樹園と小さな畑をつくりながら暮らす。近著に『野生のおくりもの』（アノニマ・スタジオ）など。
http://www.une-une.com/

柿渋染めエプロンのつくり方

じょうぶで汚れにくい柿渋染めの布は
畑や台所で使うエプロンにぴったり。
太陽の光で色が定着するので晴れの日をねらって
つくりましょう。

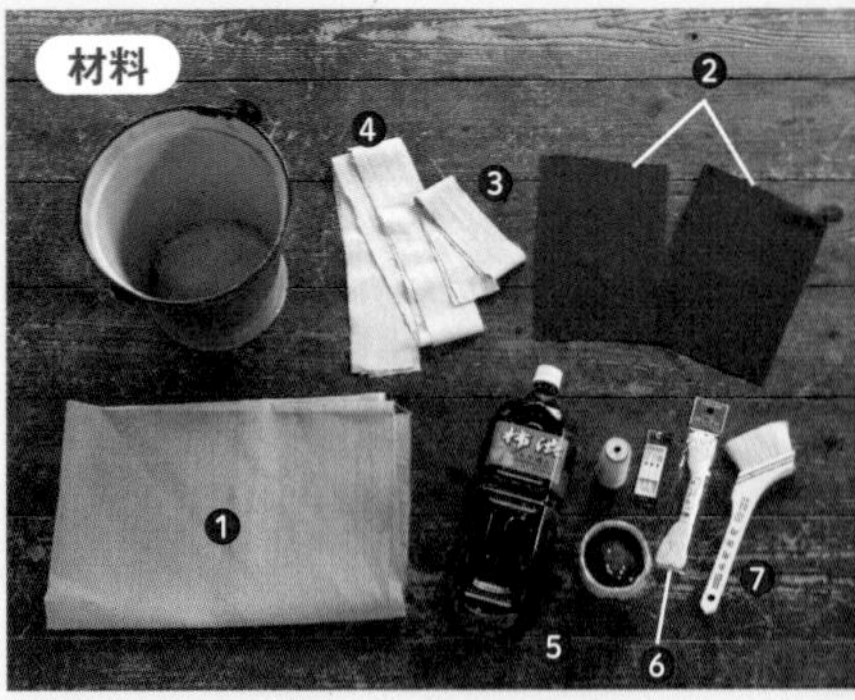

❶エプロン用の布（80cm×95cm）
…麻布１枚
❷ポケット用の布（24cm×15cm）
…帆布２枚
❸首ひも用の布（5cm×55cm）
…麻布１枚
❹腰ひも用の布（5cm×115cm）
…麻布２枚
❺柿渋＊…200mℓ＋100mℓ
❻刺し子糸
❼万能ニス刷毛
他、バケツ、ベニヤ板（あれば）など

＊柿渋はホームセンターやインターネットなどで購入可能。今回使用したのは、「波多野うるし工房」の木工用の柿渋

波多野うるし工房
香川県高松市太田下町 2501
☎ 087-866-1643

❶ 布を裁つ

エプロン用の布を縦半分に折り、図のように切る。

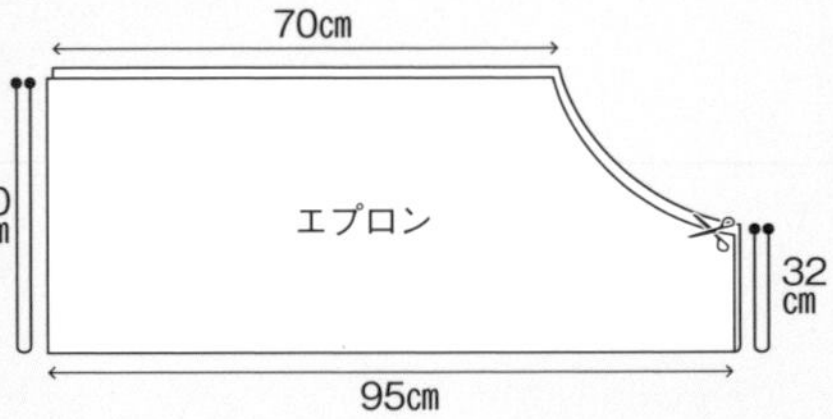

❷ 柿渋を塗る・乾かす

柿渋200mℓをバケツに入れる。刷毛で❶の布の表面に柿渋を塗る。塗るときは下の床が汚れないようにベニヤ板などを敷くとよい。塗り終わったら刷毛とバケツはすぐ水洗いする。天気の良い日に３～４日間、陽に当てて乾かす。

乾燥中に水滴がつくとシミになるので雨に注意する

❸ もう一度塗る・乾かす

乾いた布の表面に❷と同様に柿渋を塗り、３～４日間、陽に当てて乾かす。このとき使う柿渋の量は100mℓ程度。色を薄めたい人は、柿渋に水を30mℓほど足してから塗ってもよい。

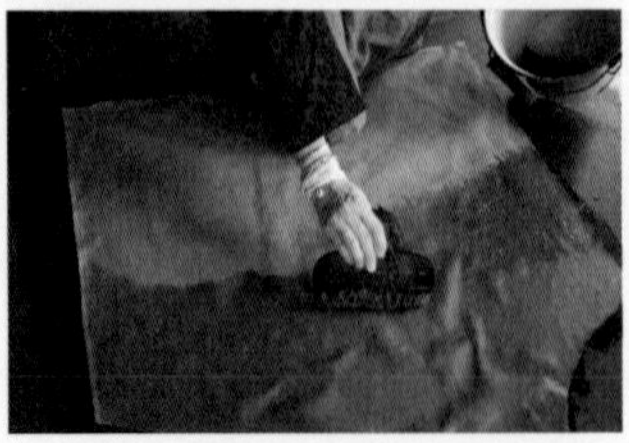

❹ まつり縫いをする

❸の布の端を内側に向かって三つ折りし、刺し子糸でぐるりとまつり縫い（またはなみ縫い）する。下に布の耳（ほつれない部分）がくる場合はまつり縫いをせずそのままにしておいてもよい。

❺ ひもをつくる

首ひも用の布の短辺を内側に折る（①）。長辺の上下を真ん中に向かって折り（②）、中表に再度折る（観音折り）。アイロンをかけ、際を縫い合わせる（③）。腰ひも用の布も同様にして縫い合わせ、計３本のひもをつくる。

◎できあがりのエプロンのサイズは、身長165cmくらいの人にちょうどいい大きさ。
好みで布の大きさを変えて自分にぴったりのサイズにしてください。

ふらんす風
エプロンのつくり方

１枚布にひもをつけただけ。
フランスのタブリエにヒントを得た
かんたんにつくれるエプロンです。
柿渋染めした布でつくってもよいです。

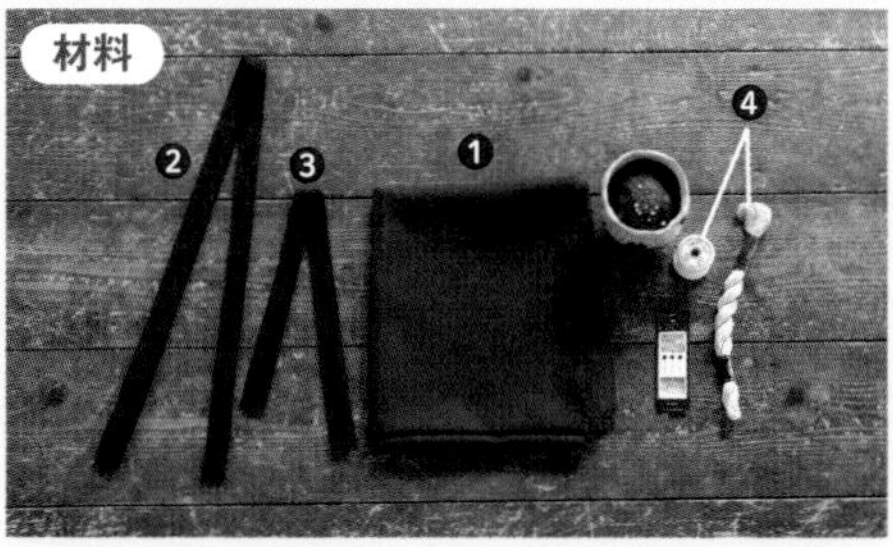

❶柿渋染めした布やキャンバス布（80㎝×93㎝）…1枚
❷首ひも用の綿テープ（2㎝×80㎝）…2本
❸腰ひも用の綿テープ（2㎝×45㎝）…2本
❹カタン糸30番、刺しゅう糸

❶ まつり縫いする

柿渋染めエプロンのつくり方❹と同様に、布の端を裏側に三つ折りし、ミシン糸でぐるりとまつり縫い（もしくはなみ縫い）する。

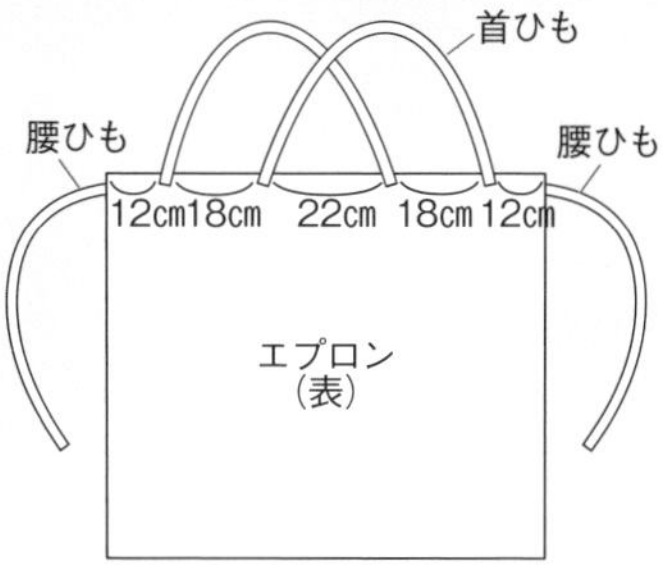

❷ エプロンにひもをつける

図のようにエプロンにひもをつける。首ひもはエプロンの長辺の表面から、腰ひもは短辺の裏面から刺しゅう糸で縫いつける。

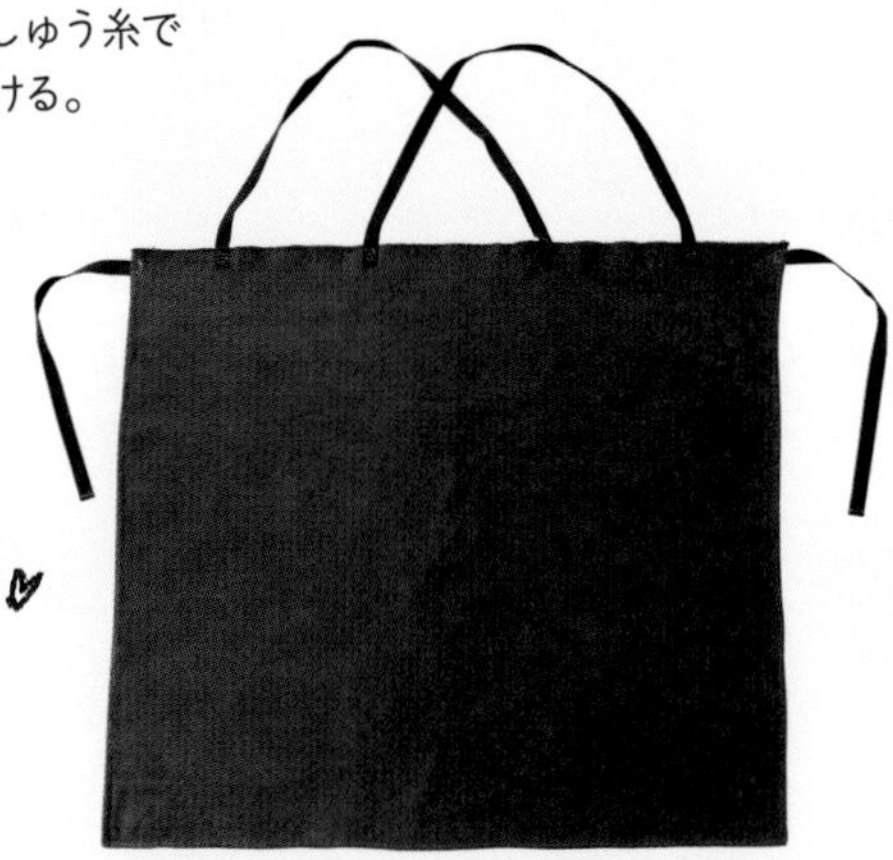

できあがり♡

❻ エプロンにひもをつける

図のようにエプロンにひもをつける。首ひもはエプロンの表面から（写真）、腰ひもは裏面から縫いつける。

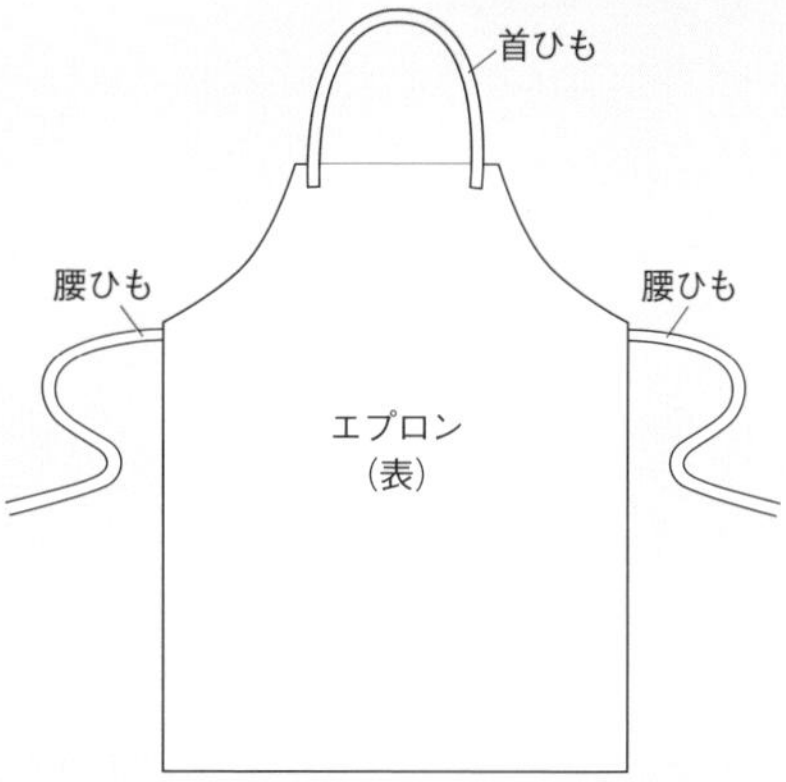

❼ ポケットをつける

ポケット用の布の短辺の片方を裏側に向かって三つ折りして縫う（手縫いでもよい）（①）。残りの3辺の端を裏側に折り、エプロンにあてる。3辺の際をエプロンに縫いつける（②）。

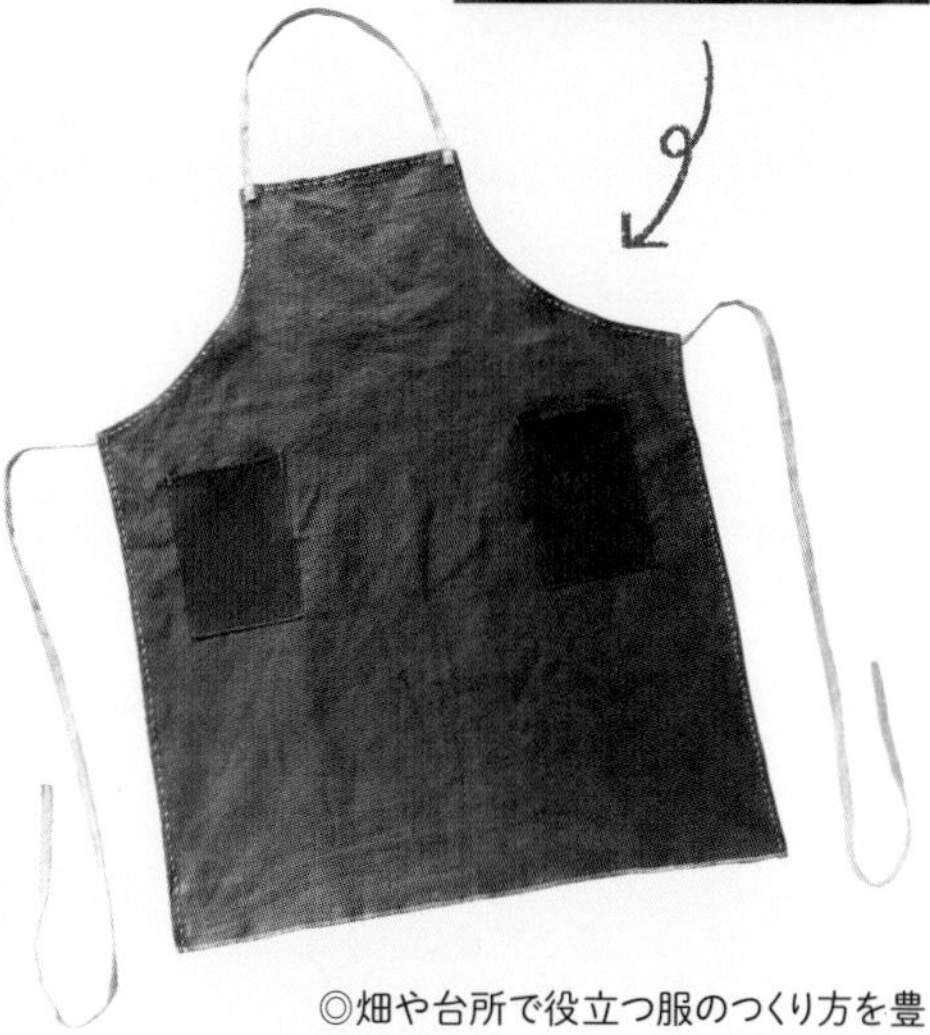

◎畑や台所で役立つ服のつくり方を豊富に紹介している早川ユミさんの著書『種まきびとの ちくちくしごと』（早川ユミ著、農文協刊）もぜひご覧ください。

濡れても平気
新聞紙でエコバッグ

長野●池野陽子

マチつき柿渋エコバッグ。外側は３回塗ってあるが、内側はまだ１回しか塗っていない

小学生でもすぐにできる

ひと昔前までは、どこの家にも玄関に唐傘があったと思います。それが柿渋を塗って補強しただけの和紙でつくられていると私が知ったのは、ずいぶん大きくなってからのことです。

近年はエコロジーが叫ばれ、長年染色を生業としている私（手描友禅が専門）も、染色教室にて、かんたんな柿渋染めのランチョンマットやテーブルセンターの他、竹カゴに古い和紙と柿渋を塗った一閑張りのつくり方を教えてきました。

この柿渋塗りのエコバッグをつくったきっかけは、2〜3年前に、小学校で農業体験を指導している近所のご夫妻から「何か新聞紙でエコバッグをつくれないか？」との相談をいただいたことです。小学生でもすぐにできるよう、材料は新聞紙とのりと柿渋だけ。柿渋は柿の果汁であり、手についてもかぶれる心配もありませんし、最近はホームセンターでかんたんに入手できます。

おしゃれな工芸品みたい

柿渋で布を染色するときには、水で薄めて何度も染めますが、新聞紙バッグの場合は原液で大丈夫です。3回ほど塗って放っておくだけで、染めた色が空気に触れて肌色からどんどん茶褐色になっていき、紙も次第にかたくなっていきます。

ジャガイモやタマネギなどの野菜を入れ、部屋の隅にかけておくだけでも、ちょっとおしゃれな工芸品のような味があります。2〜3カ月もすれば色はもっと濃くなり、紙のかたさもビックリするほど強くなります。野外で濡れても大丈夫。さまざまな用途に使用可能です。

新聞紙エコバッグのつくり方

1

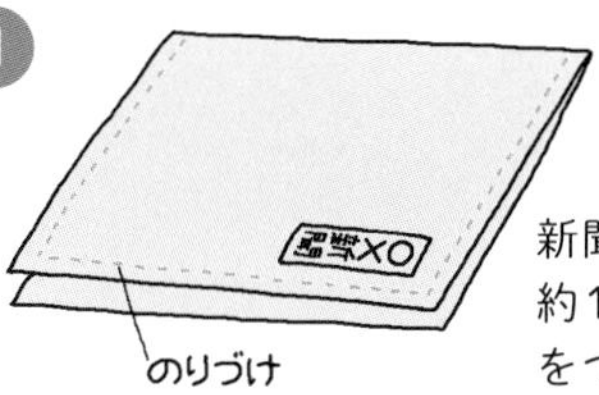

新聞1枚を半分に折り、約1cm幅ののり代にのりをつけ、2枚重ねにして丈夫にする。

2

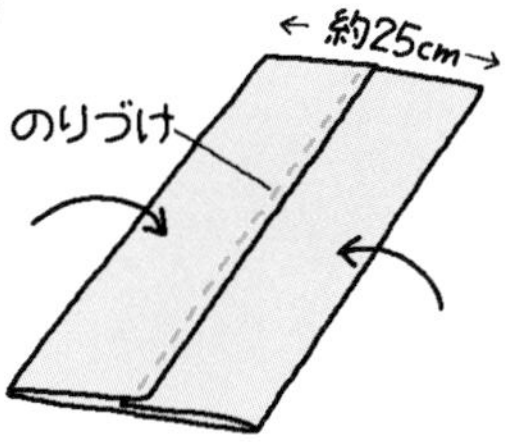

左右を折りたたみ、中心でのりづけする。

3

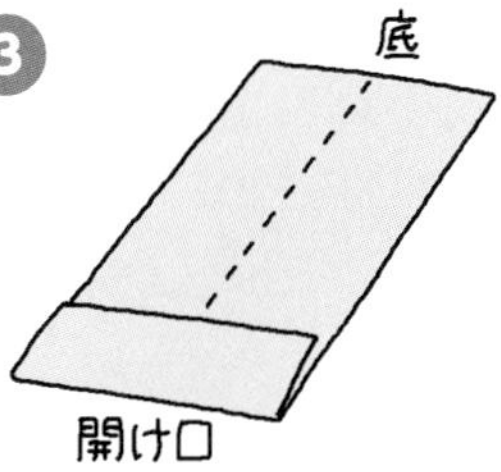

取っ手をつける開け口をしっかりとさせるため、いったん7～8cm折り曲げ、折り目をつける。

4

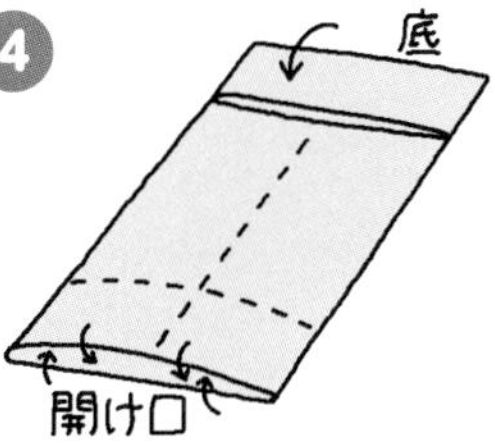

開け口の折り曲げた部分を内側に折り入れる。次に底を7～8cm折り曲げる。

5

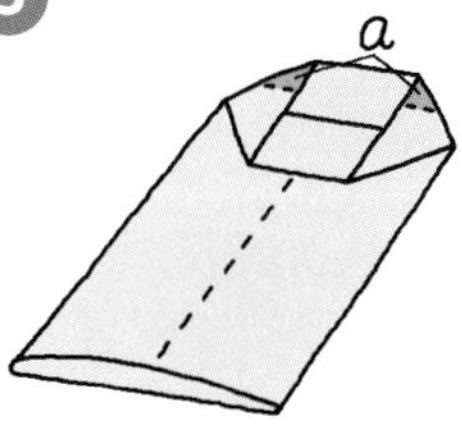

底に幅をもたせるため、折り紙のときのように三角をつくり、aの位置にのりづけする。

6

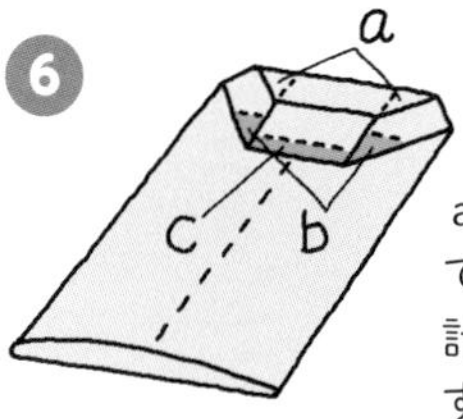

aのところを折り曲げて貼りつけ、bとcの計3カ所にのりづけする。

7

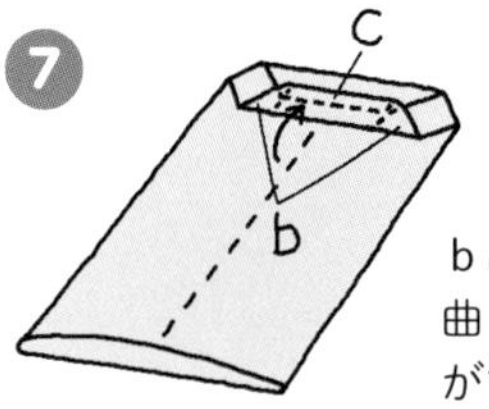

bとcのところを折り曲げると、底のマチができる。

8

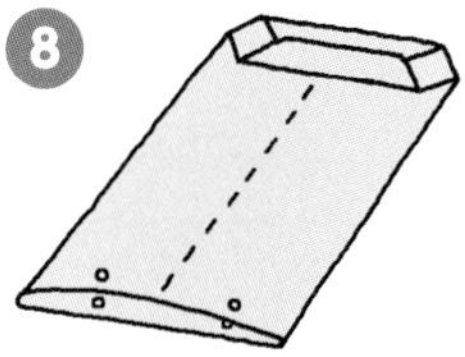

穴あけパンチなどを使って開け口に穴をあける。

9 柿渋を塗る。1回塗って20～30分乾かし（時間短縮させるときはドライヤーで）、3回塗ると右ページの写真のような色になる。最後に麻ひもなどを通して完成。

あら、ステキ

米袋でエコバッグ

長野●矢澤秀勇

南信州では、昔から柿渋を建物の塗料や阿島傘、蚕を飼うときの紙などに使ってきました。建築設計事務所を営むわが家では、昔ながらの柿渋を塗料に使いたいと思い、自宅の市田柿を8月に摘果して柿渋をつくります。

米袋のエコバッグのつくり方（30kg紙袋から２つつくる）

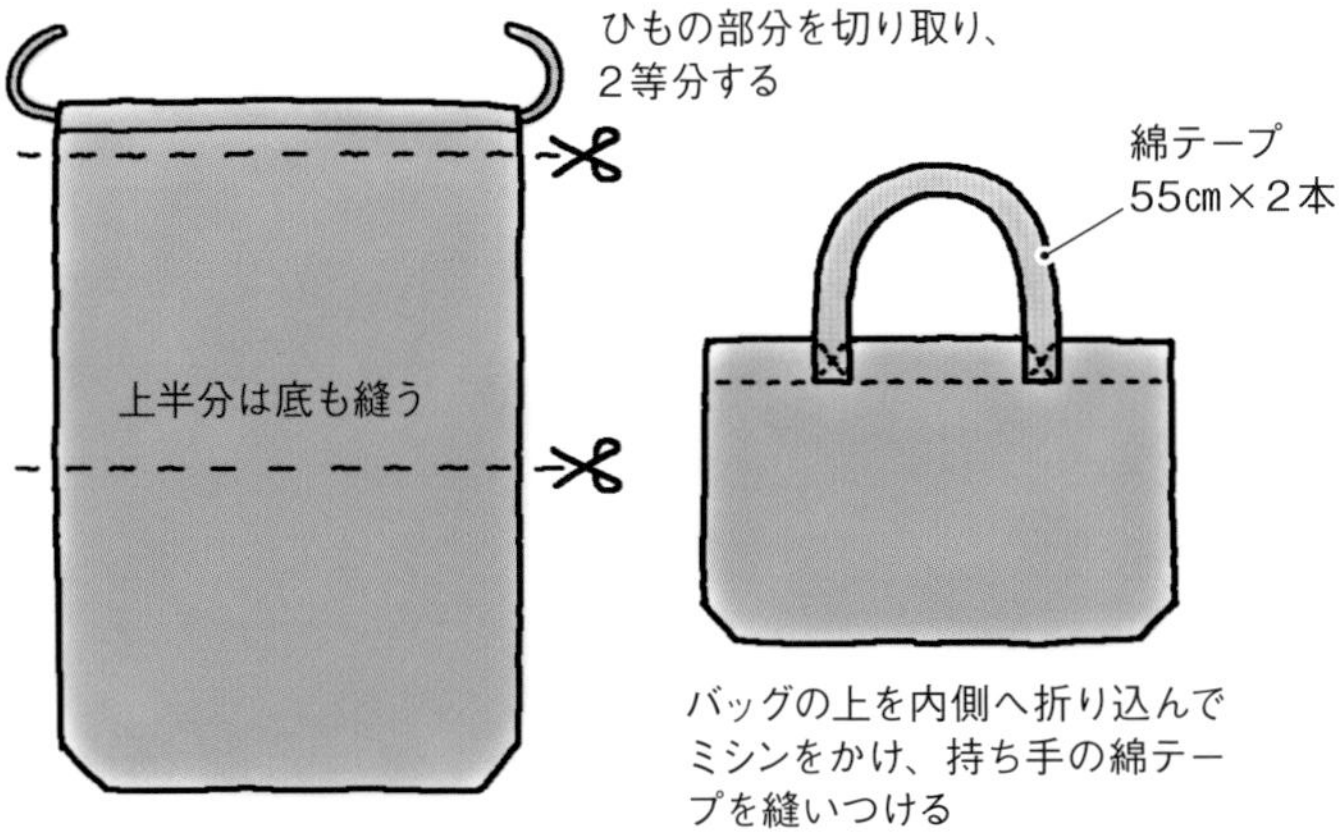
ひもの部分を切り取り、
２等分する
上半分は底も縫う
綿テープ
55㎝×２本
バッグの上を内側へ折り込んでミシンをかけ、持ち手の綿テープを縫いつける

外壁の塗料だけでなく、何か他にも使うことができないかと探しているときに、雑誌で京都の家具屋さんが米袋でエコバッグをつくっているという話を目にしました。米袋があるのでやってみようと、30kgの米袋で柿渋塗りのエコバッグをつくりました。

今はワークショップを開催し、柿渋づくりとエコバッグづくりを体験してもらっています。エコバッグに塗るのは前年に搾汁して1年おいたものです。

何度も重ね塗りをして太陽に当てると、丈夫でしわの色合いがよいすてきなバッグになります。中には、米袋の代わりに古布を使ってつくる方もいて、エコバッグがどんどんおしゃれになっています。

環境やエコロジーについて考えるとき、自然のものとのつながりから、先人たちの知恵を学ぶことがたくさんあるのではないかと思います。

柿渋の成分と力

柿渋の成分の正体は
タンニン（柿タンニン）。
青柿は
増える病害虫や
強い紫外線から
身を守るように、
夏にむけて
タンニンを増やす。

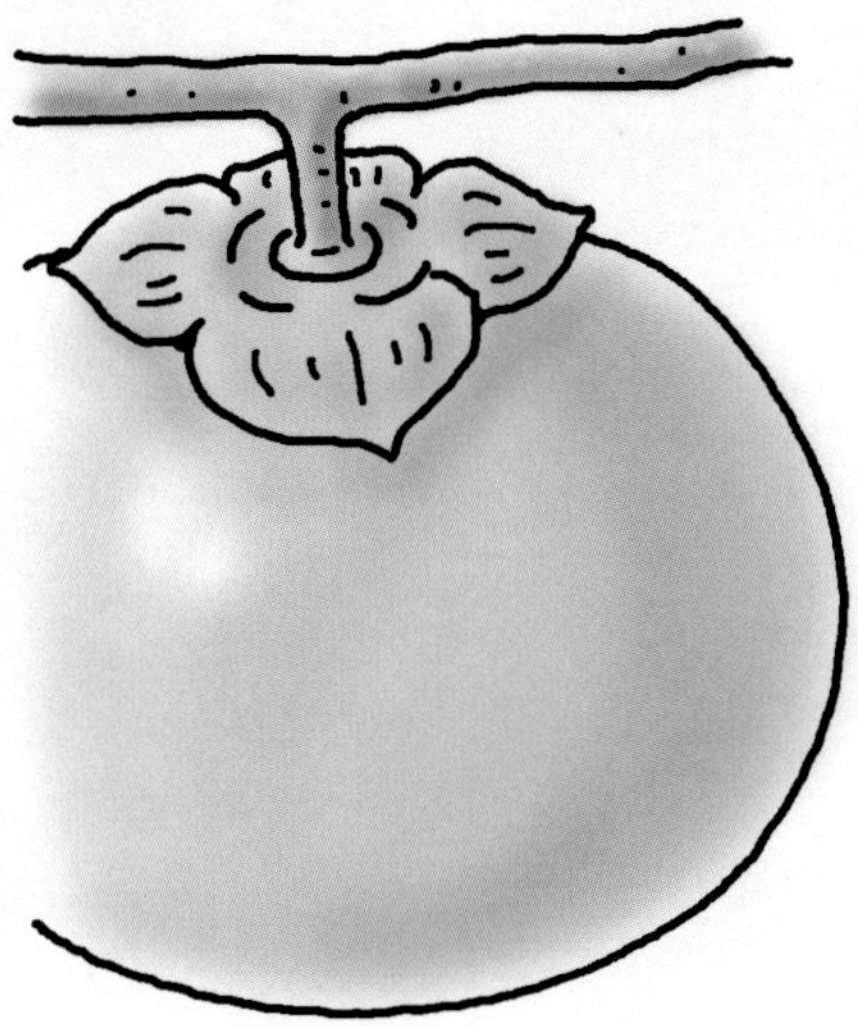

青柿を砕いて搾った汁は、樽の中などで長期熟成するうちにタンニンが重なり合って大きな分子になり、不溶性の強靭な皮膜をつくり、防水・防腐効果を発揮する。抗菌作用やタンパク質と強固に結びつく作用もある

魚網

昔、漁網や釣り糸は麻や綿糸でつくられていた。その強度を高めるために大量の柿渋が使われた。漁家の庭先には柿が植えられていて、夏の夕方には元気のよい若衆たちが集まって青柿を杵で搗く。柿渋づくりは漁村の夏の風物詩でもあった

和傘

竹を細割りにした骨に、のりと柿渋を混ぜて和紙を貼りつけた。さらに、和紙に柿渋を2回塗ってから荏油（エゴマの油）で「油引き」をし、最後に漆を塗って仕上げる。紙だけでなく、のりの防水力も柿渋でアップさせていた

火傷の特効薬

民間療法として、柿渋を2～3倍に薄めて布に浸し、火傷の患部に貼ると早く治り、傷あとを残さないといわれる。傷口のタンパク質と結合して薄い皮膜をつくることや、細菌の菌体タンパクとも結合して抗菌性を発揮するからと考えられる

参考：『柿渋』今井敬潤著（法政大学出版局）

かなり強力！

柿渋のウイルス退治効果

●坂口剛正（広島大学大学院医歯薬保健学研究院）

すべてのウイルスを不活化

　柿の渋は、おいしくありません。この渋みは、人間だけではなく動物などにも好ましくないので、少なくとも未熟な柿の実は食べられることはありません。渋は果肉の中に入り込んでいますが、柿の実が成熟してくると、凝集して不溶性になります。果肉の中の黒い点が凝集した渋です。そうするともう渋みはなくなり、本来の柿の甘さが出てきます。これを人為的に行なうのが渋抜きです。

　この柿渋の本体である柿タンニンに、ウイルスを「不活化」する能力があることがわかりました。

　現在まで20種類程度のウイルスを調べていますが、これまでのところ、柿タンニンで、すべてのウイルスが完全に不活化されました。緑茶タンニンやワットルタンニン（アカシア）、5倍子タンニンなどもかなりのウイルスに効くのですが、一部には効かないウイルスがあります。

ノロウイルスの消毒にも効果

　ウイルスにもいろいろあって、有名なインフルエンザウイルスはじつはかなり弱々しく、環境中ではあまり長生きしません。ほとんどが、かかった人と話したりすることによる飛沫感染ですから、あまり消毒剤が出る幕がありません。

　一方、丈夫なのは腸で感染するウイルスです。例えば、ノロウイルス（下痢症）、コクサッキーウイルス（手足口病）、ポリオウイルス（小児麻痺）です。理屈から考えても、これらは胃酸のある胃を通過して、胆汁（界面活性剤）のある十二指腸を通っても生き残るのですから強力なはずです。

　とくに問題なのがノロウイルスです。集団食中毒の原因としてしばしばニュースになります。症状がある人ではもちろん、症状が出なくても便中に大量にウイルスが出ることがあり、一方で、ごく少量（10～100個程度）で感染するといわれます。丈夫なので食品に付着して経

渋みたっぷりの未熟な柿果実（写真＝大西暢夫）

柿の花

口的に感染する以外にも、ウイルスのついた手を口に持っていったり、埃とともに舞い上がったウイルスを吸い込むことでも感染します。

エタノールでは消毒しにくいので、老人介護施設では、いったん感染が起こってしまうと、それを広げないように、刺激性のある次亜塩素酸ナトリウムを使ったりして、消毒にかなり気を遣わなくてはなりません。ノロウイルスに対する消毒剤は世の中から求められています。

人に病気を起こすヒトノロウイルスは、培養細胞で増殖させることができません。近縁のネズミノロウイルス、ネコカリシウイルスで実験した結果、柿タンニンはこの両者を完全に不活化でき、ノロウイルスの消毒に適しています。

まな板など、物の表面の消毒に向く

柿タンニンはタンパク質などに結合して、さらにそれを固めて作用すると考えられます。過剰量のタンパク質があると、ウイルスに作用する前にそれらで柿タンニンの作用がなくなってしまうので、血液中などの使用には向きません。それよりも物の表面の消毒に適していて、例えば、台所のまな板の消毒に向いています。

ノロウイルスの付着を防いで、しかも残っていた柿タンニンが口に入っても食品なので問題はありません。すでにエタノールに柿渋抽出物を加えた消毒剤が開発されていて（アルタン社、商品名「ノロエース」）、レストランや居酒屋のような大規模な厨房、食品工場で用いられています。

それではどんな柿タンニンが有効でしょうか。これまで説明した抗ウイルス試験には、渋柿の搾り汁を凍結乾燥して、水などに溶かして用いました。水分を飛ばすためと保存のために凍結乾燥しましたが、実質的には搾り汁をそのまま用いても構わないでしょう。奈良県農業研究開発センターで開発された、一度凝集した柿渋を加水分解して作製する柿渋にも効果があります（58ページ）。さらに「柿の葉茶」（74ページ）にも抗ウイルス能が認められました。

ある意味、柿タンニンが入っていれば何でもよいといえます。広い範囲のウイルスに有効ですから、鳥インフルエンザウイルス、口蹄疫ウイルス（コクサッキーウイルス、ポリオウイルスと同じ科に属していて強力なウイルスです）、豚流行性下痢ウイルスの予防にも有効と思われます。手洗いや、流行地への出入りの際の器具の消毒にも使用できるでしょう。

子どもたちも興味しんしん！

2週間でできる 圧力鍋でかんたん柿渋づくり

●濵崎貞弘さん（奈良県農業研究開発センター）
写真＝依田賢吾、イラスト＝山中正大

圧力鍋でつくった、できたての柿渋。きれいな茶色でにおいも少ない

濵崎貞弘さん。柿の研究を始めて30年以上。柿の栽培から加工まで何でも詳しい

ぼくが柿渋パワーの源、柿タンニンだよ。いろんなものにくっつく性質があるんだ
くっつきた〜い!!
柿タンニン

伝統的な柿渋の製法は、じっくり発酵させるために通常1〜3年かかる。しかも、熟成中は独特のにおいが漂う。

初心者にはハードルが高そう……と思いきや、じつは最短で数日でできる画期的なつくり方が開発された。しかも、家庭にある道具でかんたんにできるという。発酵させないのでにおいも少ない。教えてくれたのは、奈良県農業研究開発センターの濵崎貞弘さん。

できた柿渋は、原液のまま歯みがきに使ったり、薄めてうがいしたり、アルコールに混ぜてまな板などにスプレーしたりすると、強力なウイルス退治効果が期待できる。もちろん、柿渋染め（61ページ）にも使える。

この製法でつくった柿渋は、伝統的な製法の柿渋より薄めなので、常温保存するとカビが生えることがある。長く保存するなら冷凍がおすすめだ。

最短なら数日でできる 柿渋のつくり方

柿産地・奈良の子どもたちが大集合！
濱崎さんに柿渋づくりを教わった。
柿渋染めにも初挑戦。

左から、浦辻修自くん、浜川温ちゃん、
末松ななみちゃん、土井小春ちゃん、
田中月海ちゃん、フィンドレィ・マイアちゃん

下準備 青柿を渋抜きする

未熟な渋柿（青柿）1kgをビニール袋に入れ、ホワイトリカー6ccをしみ込ませた新聞紙（ペーパータオルも可）を入れて密封（2日～2週間。品種による）。渋が抜けるとヘタがとれ、やわらかくなる。

その他、用意するもの

ミキサー、圧力鍋、ボウル、丈夫な布

アルコールがアセトアルデヒドに変わり、柿の中のタンニンとくっつく！

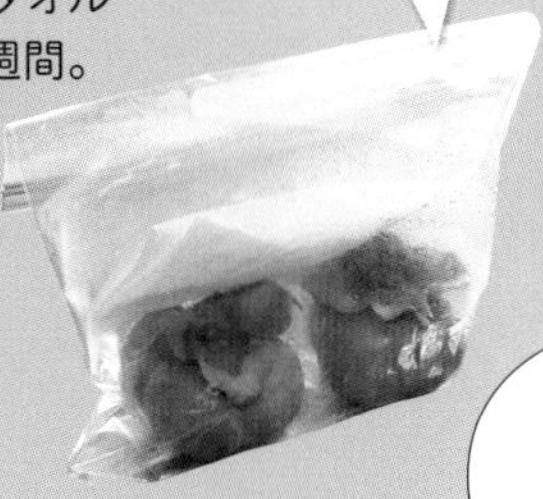

これがポイント！

渋抜きするとタンニンが水に溶けなくなる。それをつぶして搾れば、搾りかすにタンニンが集まる。これを圧力鍋で再び水に溶ける状態にして、柿渋をつくる

タンニンが
ギュッと詰まった液、
それが柿渋さ！

ジュースをつくるみたい！
飲みたくないけど……

❶ つぶす

渋抜きした果実と同量程度の水を加え、皮ごとミキサーにかける。種があるときは、ヘタとともに種も取り除いておく。

アセトアルデヒドと
くっついたタンニンは、
細胞が壊れても、
水に溶けないのさ

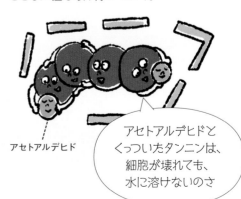

❷ 搾る

丈夫な布をボウルなどの容器の上に敷き、粉砕した果実をミキサーから注いで、力を込めてよく搾る。

ギュ〜〜！
けっこう力がいるね

搾り汁がはねて服につくと、洗濯しても落ちないから注意してね

これが搾りかす

タンニンは搾りかすに集まっているぞ！　不純物は汁のほうに溶けているから、汁は捨てて、搾りかすのほうを使うのさ！

❸ 加熱する

圧力鍋に搾りかすを入れ、搾りかす50〜100gに対して、水1ℓを加えてよくほぐし、火にかける。蒸気がシューシュー出たら火を弱め、1時間ほど煮込む。

圧力鍋は洗えばまた料理に使えるんだって

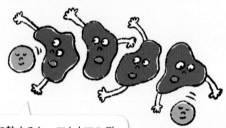

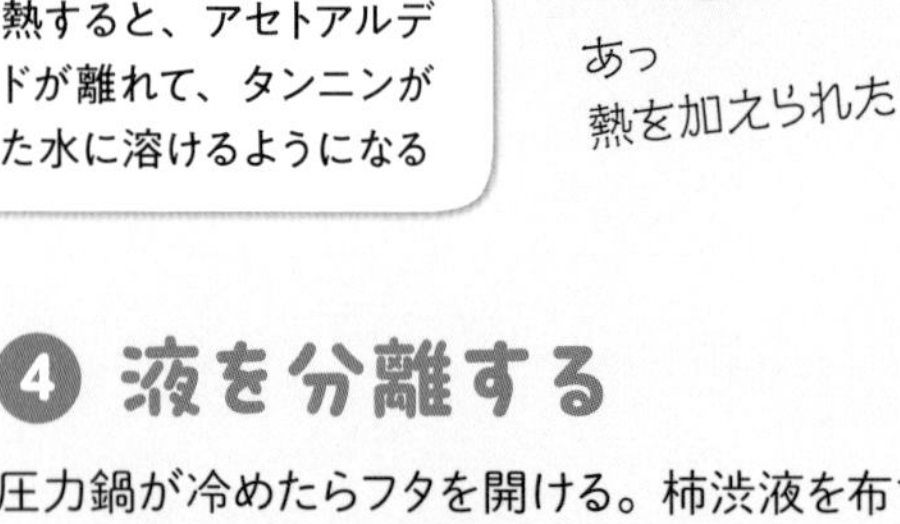

加熱すると、アセトアルデヒドが離れて、タンニンがまた水に溶けるようになる

あっ
熱を加えられたら……

茶色になってる！

❹ 液を分離する

圧力鍋が冷めたらフタを開ける。柿渋液を布でこして不純物を除いたら完成。このとき、力を入れすぎると、柿渋以外の不純物が混ざるので注意。

さあ、何とくっつくかな！

常温で置くとカビが生えてくるから、早めに使い切るか、冷凍して保存しよう

豆乳でお絵かき 柿渋染めに挑戦しよう

柿渋が完成したら、
まずは柿渋染めをしてみよう！
手に入りやすい綿の布で、
楽しい柿渋染めができる！

用意するもの

❶柿渋
❷綿の布
❸裁縫用のペン
❹豆乳
❺筆

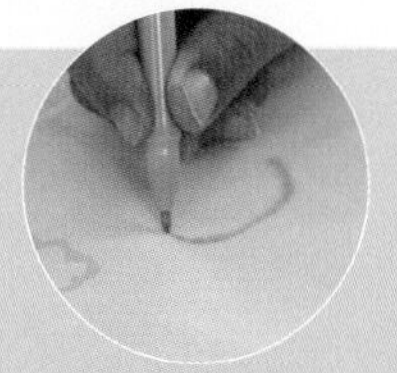

水で洗うと
インクが消える

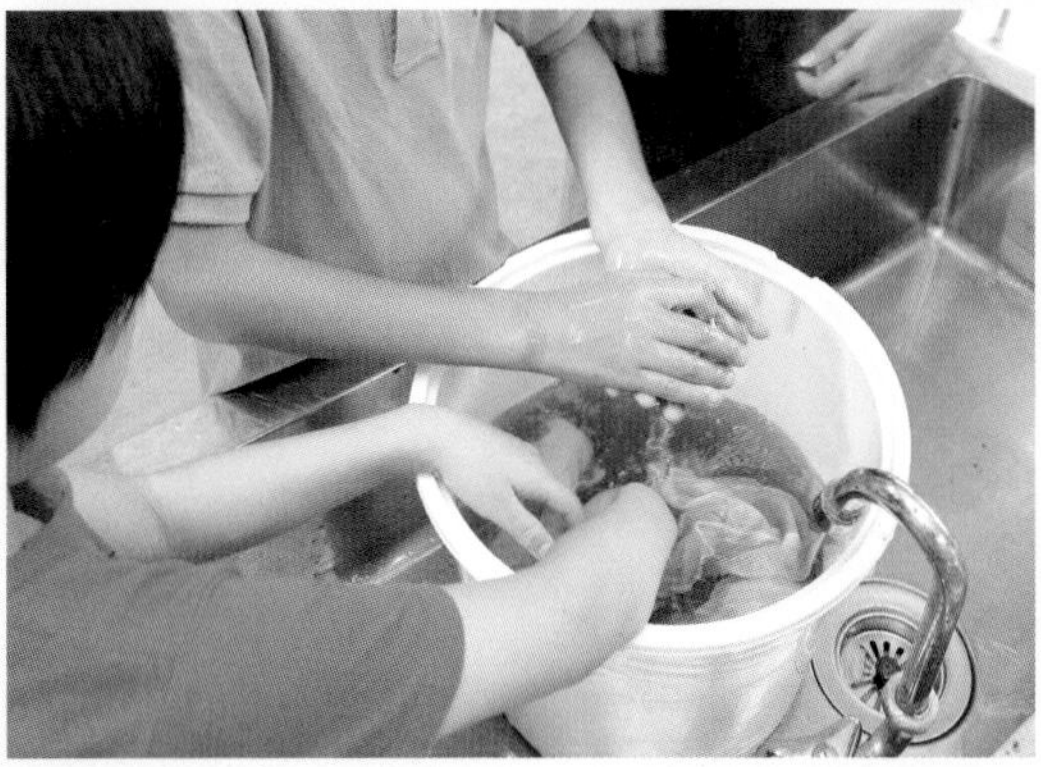

❶ 絵を描く

ペンで絵を下書きをしたあと、豆乳*を筆につけて絵をなぞり、よく乾かしておく。

❷ 柿渋液に浸ける

柿渋を60°Cになるよう加熱し、布*を30分間浸ける。流水でよくすすいだあと、洗髪用のコンディショナー（リンス）を適当に溶かした水に布をつける。よくもみ込んだあと流水ですすぎ、絞って乾燥させればできあがり。色を濃くしたければ、2度染め、3度染めするといい。

＊豆乳を使うわけ
タンニンはタンパク質にくっつく性質がある。柿渋はタンパク質を含む動物性の繊維（絹やウール）だとよく染まるけど、綿の布は染まりにくい。そこで、タンパク質を多く含む豆乳を布につけると、つけたところが濃く染まる。

＊布に下処理をしよう
のりのついた新品の布は、アルカリ性の洗剤（食器用でも衣類用でもOK）を混ぜた40℃のお湯に30分浸してから流水ですすいでおくと、染まりやすくなる。

より詳しくは『柿づくし』（濵崎貞弘著、農文協）をご覧ください。

昔ながらの 柿渋のつくり方

こちらは、発酵させてつくる昔ながらの柿渋製法。酵母菌などがはたらき、1～3年かけて成分が熟成してゆく。時間はかかるが、常温で長期保存できるのが魅力だ。エコバッグや傘などのクラフトづくりや、床を塗るときなど、防水・防腐効果をねらうときには、濃度の高いこちらの柿渋を使うのがおすすめ。

8月の旧盆明けから9月初め頃の青柿を使おう。柿渋の成分であるタンニンの含量が一番多くなる（写真＝橋本紘二、以下Hも）

砕く

収穫した青柿を洗わずヘタつきのまま、杵で搗くなどして砕く。(H)

厚手のビニール袋に入れて、木槌で叩いてもよい。（写真＝大西暢夫）

発酵させる

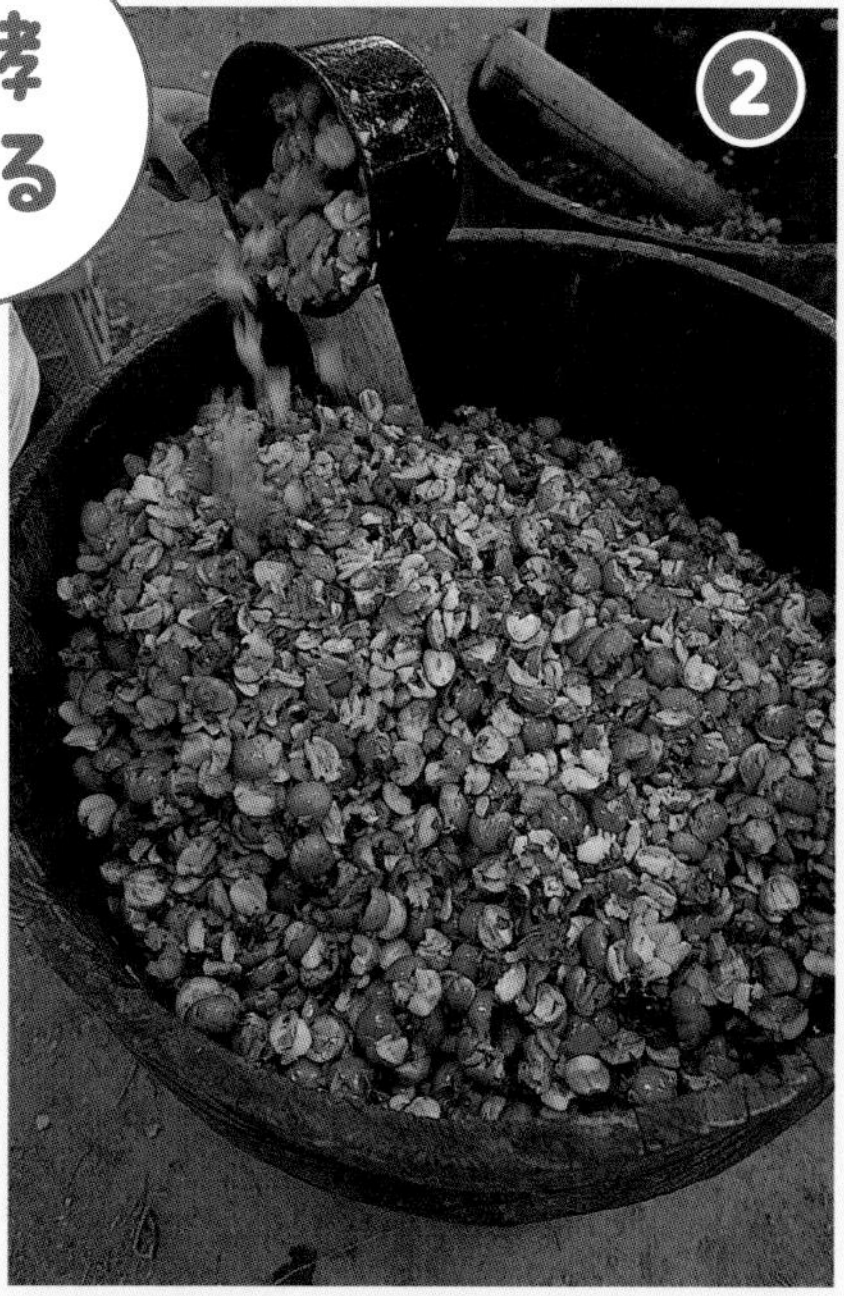

砕いた青柿を、木やプラスチックの容器に入れる。(H)

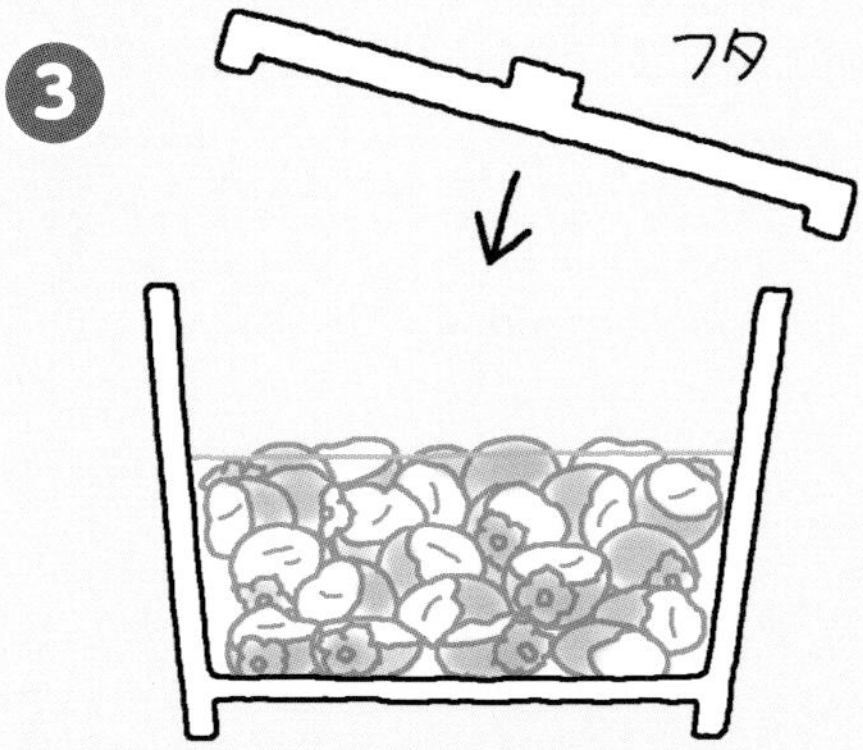

青柿全体がヒタヒタにつかるくらいまで水を入れる。水道水は塩素の影響で発酵しにくいので、井戸水などがよい。ゴミや虫などが入らないようにフタをしておく。水を加えず、細かく砕いた青柿からしみ出る汁だけを発酵させるやり方もある。

上下を入れ換えるように1日2回くらい攪拌する。

2〜3日たつとブクブク泡が出て、酵母による発酵が始まる。夏は早く冬は遅い。発酵しながら柿渋が水に溶け出してくる。(H)

搾る・貯蔵

6

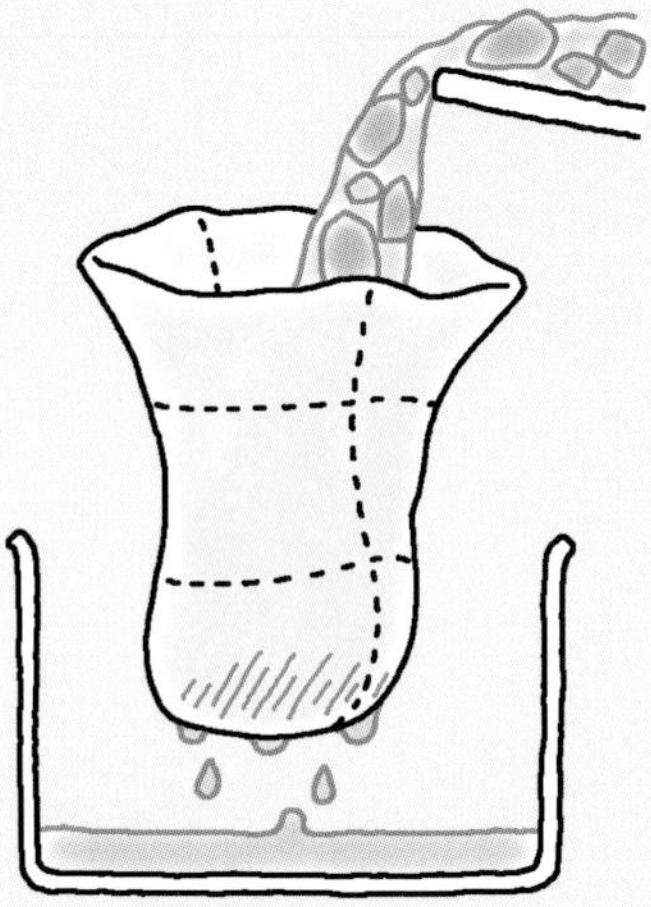

7～10日後、泡が止まり、青柿の残渣が沈んできたら、布袋に入れて絞る。においがキツイので、手に残らないようにビニール手袋をする。

7

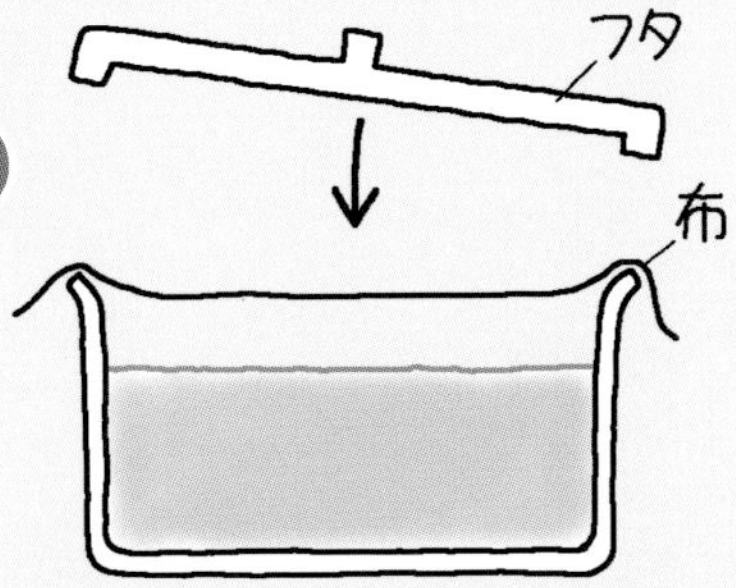

虫などが入らないように布を掛け、軽くフタ。そのまま2～3年貯蔵して完成（貯蔵中にアルコール発酵や酢酸発酵が進む）。

完成

できあがった柿渋。
色は褐色で、柿酢に似たキツイにおい。口に入れると、強い渋みとともにかすかな酸味、甘みを感じる。

青柿を砕く作業。さいたま市の
萩原さとみさん宅にて (H)

柿酢をつくる

とれすぎた柿や、少しキズのついた柿は、
柿酢にするのも手です。
まろやかな味わいの柿酢は、料理やドリンクづくりに大活躍。
薄めて畑にまくと、
作物を元気づける効果も期待できます。

＊柿から柿酢をつくると発酵の過程でアルコールができるため、酒税法上では違反行為となっている。しかし柿酢づくりは味噌、漬物、醤油などとともに古くから受け継がれてきたわが国の伝統文化のひとつ。家族や自身の健康のための柿酢づくりの自由が奪われ規制を受けるのは納得がいかない（編集部）

柿酢は、日当たりと風通しのいい場所で熟成させる。河部義道さんは東向きの軒下に甕を置いている（写真＝矢郷 桃）

若さの秘訣！河部さん家の柿酢

愛知●河部義道さん

（写真＝矢郷 桃、69ページ以外）

これが柿酢だ！

柿の実をつぶしてつくる酢。柿の実に含まれる糖がアルコール発酵したのち、空気中の酢酸菌を取り込み、酢酸発酵して酢になる。柿はみかんやりんごなど他の果実に比べて糖度が高く発酵しやすいので、果実酢の材料としておすすめ。

7カ月かけてつくる
自家製果実酢

1日1杯の柿酢で
医者知らず。いつも
若く見られるよ

河《かわ》部《べ》義通《よしみち》さん（80歳）。柿、桃を中心に、りんごや栗なども栽培する果樹農家。地元では柿栽培、柿酢づくりの指導者としても活躍中。

人も作物も、柿酢で元気いっぱい

果樹農家の河部さんは、毎年秋が来るたびに、出荷できない柿で柿酢を１００ℓも仕込む。奥さんの文子さんが柿酢のつくり方を講習会で習ってきて以来、河部さんはそのおいしさと健康効果にハマってしまった。

いろいろ試したけれど、年によっても、容器によってもできあがりは違う。だけどそれがおもしろい。きちんとできたかの判断は「香り」。「いいにおいがすれば成功、気持ち悪いにおいがすれば……残念ながら失敗だね」。失敗しても、作物用に使えばよい。果樹や自家用の野菜に、水で薄めた柿酢をまくと、病気が出にくくなるという。

「人間も作物も、柿酢で元気いっぱいだよ」と言う河部さん。71歳のときの血管年齢は、なんと31歳だったとか。

柿酢のつくり方

〈材料〉

柿（渋柿でも可）…適量
ドライイースト…小さじ1
砂糖…1カップ強*

*入れなくてもできるが、糖分が多いほうがアルコール発酵しやすい。

〈道具〉

ガラスか陶磁器の容器
（プラスチックは不可）

❶ 熟した柿を洗ってきれいに水気をふき、ヘタを取ってザク切りにする。皮はむかない。

❷ 発酵しても泡がこぼれないように、容器の7分目まで柿を入れてつぶす。

❸ イーストを加える。砂糖を加える場合は、容器に入れて全体を混ぜる。

❹ ショウジョウバエが入らないように新聞紙かネットをかぶせる。中身が呼吸できるよう、フタはかたく締めない。

❺ なるべく暖かい場所（ただし30℃以下）に置いて発酵させる。1週間に一度くらい全体をかき混ぜる。

❻ 仕込んで約7カ月で、味見をしてすっぱくなっていたら完成。酸味が足りなければもう少しおく。

❼ ザルなどで数回こしてからビンに入れ、冷暗所で熟成させながら保存する。

（写真＝小倉隆人）

買うと高いが、自分でつくればタダ

市販の柿酢には醸造アルコールや酢酸などが添加してあるものが多く、柿100%の製品は値段が高い。自分でつくった柿酢なら成分をまるごと抽出できるし、じゃんじゃん使える。「やはり柿酢は自分でつくるに限るね」

年代物の飲み比べもオツなもの

「ワインも長く寝かせたものほど高級でしょう」と河部さん。柿酢も同様に、熟成するほどに濃厚でまろやかな味わいになり、風味を楽しめるのだとか。「だから毎年の仕込みはやめられないんだよ」

1年物　5年物　13年物

味の良し悪しは心がけ次第!?

柿酢づくりでは醸す場所が重要。河部さんが酢の容器を置くのは東向きの軒下（右上写真）。家のまわりで一番日当たりと風通しがいい場所で、0℃以下と30℃以上にならないように気を遣う。さらに、「心がけがいい人はそりゃあいい酢ができるよ」と河部さん。心がけがいいとは面倒見がいいということ。周囲を清潔に保ち、様子を見てかき混ぜる（右下写真）。普段から、柿酢への気配りが欠かせない。

河部さん流　柿酢の使い方

【ドリンクに】柿酢のボトルのキャップ1杯分（約10mℓ）をコップ1杯の水で薄めて飲む。はちみつを加えると飲みやすいので、文子さんはもっぱらはちみつ入りを愛飲中。

【調味料に】河部さんの家では酢を一切買わない。ドレッシングや酢の物など何にでも柿酢を使う。

【作物に】柿酢を水で500倍くらいに希釈して、作物の葉や実に行き渡るように散布する。柿の殺菌効果が害虫、病気を予防する。

柿酢の健康機能性が明らかになってきた

●前多隼人（弘前大学農学生命科学部）

柿酢は飲みやすい果実酢

柿はすぐに熟してしまうことから保存が難しく、干し柿や柿酢などの加工品がつくられてきました。

食酢には醸造酢と合成酢があり、さらに醸造酢は穀物酢と果実酢に分類されます。食酢はいずれも調味料の他、食品の保存性向上に使われてきました。

果実酢である柿酢は製造方法にもよりますが、他の食酢と同様に4～5%ほどの酢酸を含みます。ただ甘みがある柿酢は飲みやすく、希釈してそのまま飲まれることも多いです。中にはハイボールに加えて楽しまれている方もいます。

穀物酢と柿酢の
ポリフェノール含量の比較

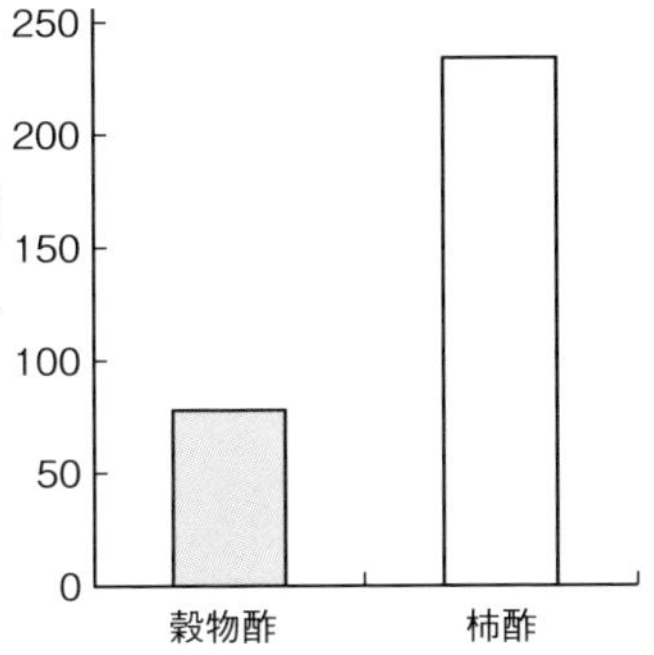

血圧と内臓脂肪に効果

柿酢に含まれる酢酸には、健康の維持に役立つ嬉しい効果があることが明らかになってきました。

ひとつ目は血圧を正常に保つ効果です。やや血圧の高い日本人成人に1日当たり酢酸を７５０㎎含む飲料を8週間飲んでもらいました。これは一般的な柿酢だと日本酒を飲むときのおちょこ（18㎖）で1杯程度の量です。その結果、収縮期の血圧低下が認められました。このことからお酢を日常的に飲むことは血圧の改善に役立つとされています。

二つ目は内臓脂肪の低下作用です。肥満の指標であるＢＭＩ値が25～30の軽度の肥満の男女１５５人を対象にした試験です。おちょこで1杯程度のお酢を含む飲料を12週間飲んでもらった結果、内臓脂肪面積、ＢＭＩ、体脂肪率、ウエスト径などの低下が認められました。日常的なお酢の摂取は肥満予防にも役立つことが考えられます。

穀物酢より高い抗酸化作用

柿由来のポリフェノールの健康機能性も期待されます。柿に含まれるポリフェノールは渋み成分のタンニンです。柿酢のポリフェノール含量は一般的な穀物酢よりも高いことがわかりました。

ポリフェノールには抗酸化作用があり、体内で発生する有害な活性酸素を除去する効果が期待されます。醸造後の精製法にもよりますが、柿酢には柿由来のポリフェノールが多く残存しているとされます。

ただし、飲みすぎには注意が必要です。食酢は一般的にpH2～3程度の強い酸です。大量に長期間摂取した際の害も報告されています。適宜希釈し、適度な摂取量を守ることが大事です。

日本では各地でさまざまな品種の柿が栽培されていますが、それぞれ味や成分に特徴があると思います。地域由来の柿を生かした柿酢の開発も今後期待したいところです。

柿の葉を使う

初夏に採れる青葉は、
ビタミンCたっぷりのおいしい柿の葉茶になります。
秋の美しい紅葉を長く保存して
楽しむこともできます。

柿の葉茶にするなら、梅雨明け後の葉を使うといい（写真＝田中康弘）

ビタミンCたっぷり

柿の葉茶つくりのコツ

●鶴永陽子（元島根県農業技術センター）

柿の葉茶（写真＝田中康弘、以下79ページまですべて）

市販の柿の葉茶はビタミンCが少ない

柿の葉にはビタミンCが非常に多く含まれていることから、健康茶の素材として人気が高く、全国各地で「柿の葉茶」が販売されています。

しかし、島根県農業技術センターで、市販品10種類の柿の葉茶のビタミンC含量を測定したところ、乾物100g当たり100㎎しか含まれていないことがわかりました。

原料である柿の葉のビタミンC含量が乾物100g当たり約4000㎎（同センターで分析）であることを考えると、市販品の柿の葉茶中のビタミンC含量は著しく低く、加工および流通段階でビタミンCが分解されていることが推察されました。

10分蒸してから干す

そこで、加工工程の「蒸し処理」および「乾燥方法」に着目して試験を行ないました。「蒸し」は、緑茶の製造工程で約1分間程度行なわれる処理で、ビタミンCを酸化分解する酵素を失活させて、ビタミンCの損失を防ぐ目的で行なわれます。この「蒸し処理」を柿の葉に0～10分間施して、「日陰乾燥」と「機械乾燥」に分けて乾燥し、それぞれを室温で半年間保存しました。

その結果、蒸し処理を10分間施して機械乾燥する方法が、もっともビ

家庭にある道具でできる
柿の葉茶のつくり方

指導＝濱崎貞弘

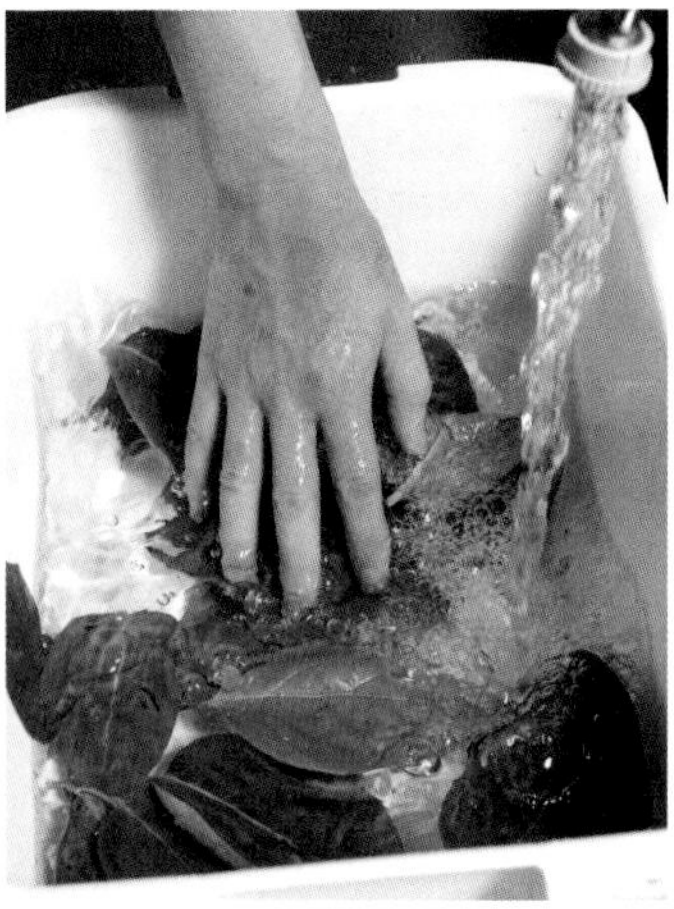

❶ 洗う

柿の葉茶に使うのは、梅雨明け後の晴れが続くときの柿の葉。葉を水洗いし、ペーパータオルなどで水気を取る。

❷ 刻む

葉をハサミや包丁で幅1㎝ほどに刻む。

❸ 蒸す

刻んだ葉を蒸し器に入れて、数十秒程度蒸気に当てる。蒸しすぎると変色してしまうので注意。

❹ 陰干し

蒸し終えたらすぐにザルの上に広げて陰干しする。3〜7日でできあがり。淹れるときは、急須に葉を適量入れて熱湯を注ぎ、1〜2分蒸らす。

タミンC含量を保持し、そのほとんどが分解されにくい還元型であることがわかりました。これは厚みのある6月の葉を用いた結果で、展葉間もない5月の葉では3分間程度が適しています。

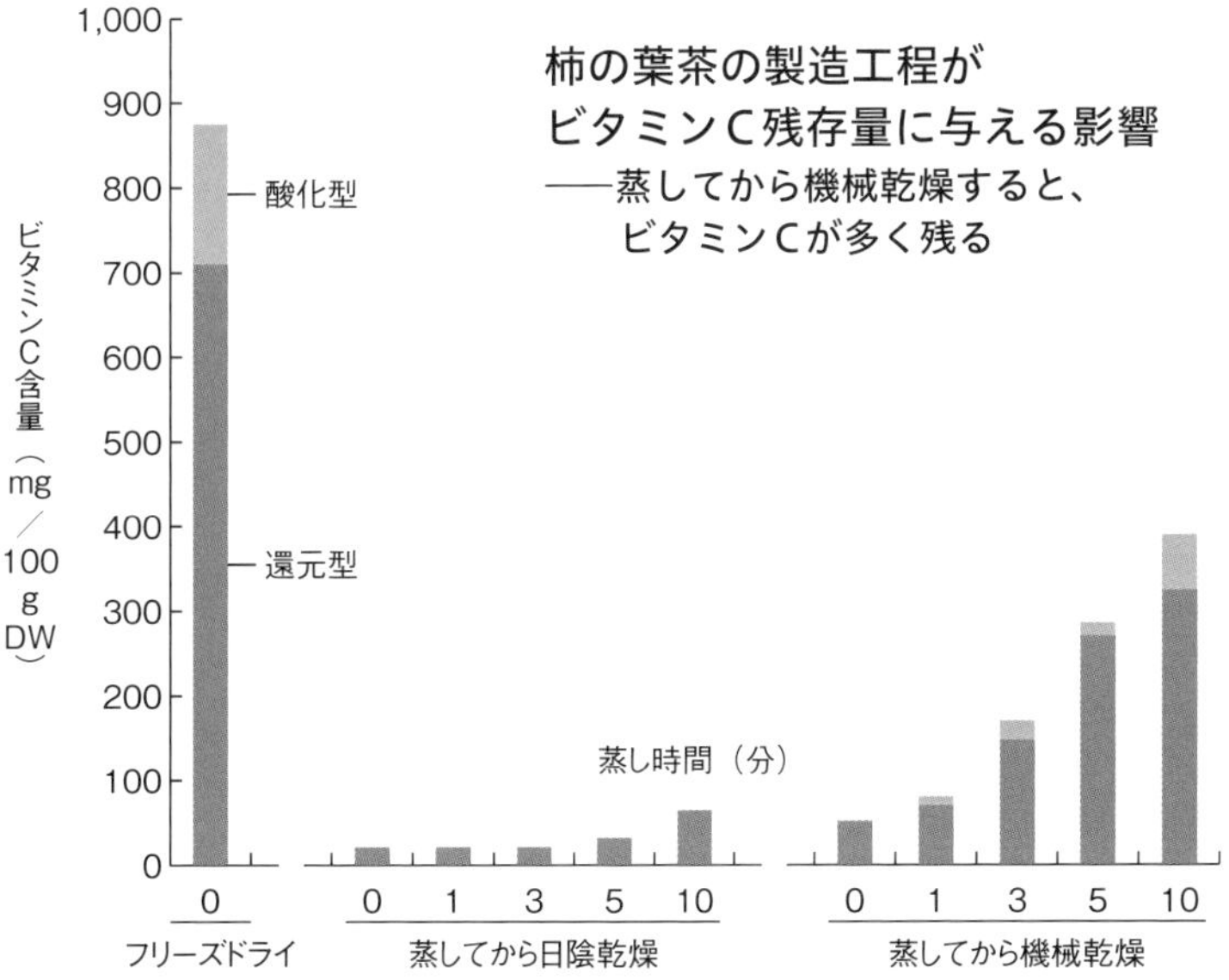

注）試料はいずれも、デシケータ（除湿庫）内で半年間常温保存したもの。日陰乾燥は4日間、機械乾燥は60℃、12時間の通風乾燥。蒸してから機械乾燥したものは、ビタミンが高く保たれるフリーズドライ品には及ばないものの、ビタミンCが高く残った

紅葉した柿の葉を長く保存する方法

●濱崎貞弘（奈良県農業研究開発センター）

最大で一年間、美しいまま

秋も深まってくると、柿は美しく紅葉します。つやつやとした大きな葉がまっ赤に彩られ、朱色の果実とともに夕日に映える様は、柿産地の秋の醍醐味のひとつといえるでしょう。その素晴らしさは、歌に詠まれたり、葉に恋の歌を書きつけて川に流すという風流な遊びに使われたりするなど、古くから愛されてきました。しかし、柿の紅葉は寿命が短く、樹から離れるとすぐに枯れてしまいます。これは、葉の乾燥や赤色の色素アントシアニンが壊れていくためですが、落ちる前に採取して少し手をかけてやるだけで、長時間その美しさを保つことができます。

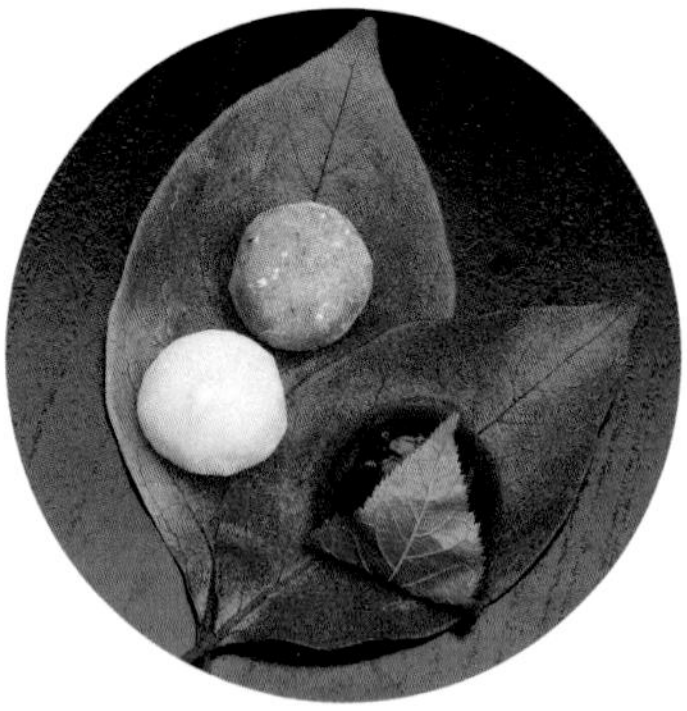

それが奈良県で開発された、紅葉の長期保存技術です。食塩とビタミンCを溶かした保存液につけて冷蔵庫に入れるだけで、最大で一年間、葉の色や質感を保つことができます。

重要なのは品種と光とチッソ

美しい葉を長く保存するには、なるべくよく色づいた葉が必要です。そのためにもっとも重要なのは「品種」です。柿の品種は約1000種ありますが、それぞれ色づき方が大きく異なります。中でも、「丹麗」「錦繍」「朱雀錦」は紅葉品種として市販されており、丹麗はオレンジ系の明るい赤、錦繍、朱雀錦は濃く深い紅色が特徴です。

次に重要な要因は、光とチッソです。紅葉には果実の色づきと同じく光が必要ですので、樹冠の中までよく日が当たるよう、整枝せん定に気をつけます。また、肥料（チッソ）はなるべく控え、紅葉時期にはチッソが切れるようにします。チッソが多いと、葉の緑色が残り、濁った暗い色になってしまいます。

また、柿の葉は霜が当たると緑のままでもあっけなく散ってしまうので、霜が当たりやすい場所では美しい色づきは期待できません。

新たな需要を生み出せるかも

現在、柿の紅葉の主な用途は料理のつまものですが、奈良県では、短冊やはがきとして利用されてきた歴史を紹介しつつ、柿の紅葉に願いごとや好きなことを書いて紙に貼ってもらうイベントを開催しました。これがたいへん好評で、畳3枚分の紙が瞬く間に紅葉で埋まりました。

紅葉の美しい品種の葉はビタミンCやポリフェノール含量が多いという発表もあり、今後は色を楽しむ以外の用途も考えられそうです。

紅葉の長期保存方法

準備するもの

紅葉した葉、ビタミンC（薬局で食品用を入手）、塩、ジッパーつき袋、保存容器。容器は、少量の場合はプラスチック容器、多い場合はフタつきのポリバケツなどを用意する。ビニール袋だと、万一破れたりすると冷蔵庫の掃除がたいへん。ジッパーつき袋とプラスチック容器を併用すると安心。

❶ 葉の採取・洗浄

木からなるべく美しく紅葉した葉を採取する。地面に落ちた葉は、よほど新鮮なもの以外は保存しても長くもたないので使わない。採取した葉を軽く水洗いし、水気をよくぬぐう。大量にある場合は、洗濯ネットに入れて洗濯機の脱水モードで処理すると早くかんたんに水気が取れる。

❷ 保存液の調製

水1ℓ当たり、ビタミンC 5gと食塩200gを溶かす。大量の塩は溶けにくいので、まずビタミンCを溶かしたあと、塩を何回か小分けして少しずつ溶かすと早く溶ける。

❸ 保存

きれいに洗浄しよく乾かしておいた保存容器に葉を入れる。重なっても問題ないが、あまり無理やり詰め込まないように。葉を入れたら、上から保存液を注ぎ、葉が十分に液に浸るようにする。ジッパーつき袋に葉と保存液を入れると、少量の保存液で葉が液体に浸る。これを保存容器に入れると水漏れの心配もない。バケツの場合は、軽く重石をして葉が浮き上がらないようにするとよい。しっかりフタをして、冷蔵庫に入れる。温度は凍らない範囲でできるだけ低い温度が望ましい。

❹ 利用

葉を容器から取り出し、しばらく流水につけて塩出し後、水気をぬぐって使う。乾燥しないようにすれば、明るい室内で2週間程度は色や質感が保たれる。乾燥する場合は、霧吹きなどで水分を補ってやると、しばらくみずみずしさが保たれる。保存した葉は保存前より柔軟で破れやすくなっているので、使うときには注意が必要だが、折り紙などのクラフトに使える。

柿の葉寿司のつくり方

●濵崎貞弘（奈良県農業研究開発センター）

奈良県吉野地方の伝統的な郷土食の「柿の葉寿司」をご紹介します。
本格的につくるには新鮮な柿の葉が不可欠ですし、専用の寿司桶も必要ですので、どなたでもかんたんにできるわけではありません。
ですが、機会があればぜひ試して損はないおいしさです。

〈材料〉

米…1升
酢…200cc
砂糖…180g
塩…ひと握り＋15g
だし昆布…5㎝四方くらいが1切れと4㎝四方くらいが1切れ
柿の葉…150枚
寿司鯖…100切れ

〈道具〉

●**寿司桶（柿の葉寿司用）**　ヒノキを用いた四角の木製の入れ物で、上から圧力をかけられるようになっている。奈良県吉野地方では嫁入り道具の必須とされてきた。今でもたいていの家庭に常備されている。入る寿司の数でさまざまな大きさのものがある。奈良県南部の道の駅などで入手できる場合もある。

●**寿司型**　プラスチック製のにぎり寿司用の押し型が、市販されている。5個用が手頃。

●**寿司桶**　ご飯を酢に合わせるときに使用する円形の桶。

寿司飯

〈つくり方〉

1　研いだ米にだし昆布（5㎝四方）をのせ、炊き上げる。

2　鍋に、酢200cc、砂糖180g、塩15g、だし昆布（4㎝四方）を入れて火にかけて合わせ酢をつくる。酢が透明になったところで火を止める。

3　炊き上がったご飯のだし昆布を取り除き、寿司桶にご飯をあけて鍋の合わせ酢をまんべんなく混ぜ込む。

4　混ぜ終わったら、酢飯を170gずつのおにぎりにする。

柿の葉の準備

一枚一枚ていねいにふきんで拭き、軸部分を切り落とす。大きすぎる葉はカットして大きさをそろえておく。

寿司の整形

〈つくり方〉

1　5個用の寿司型とフタに酢をつけておく。

2　型の底に鯖の切り身を置き、170gのおにぎり状の寿司飯を5つの型にまんべんなく、かつなるべくかたく詰め込む。

3　フタをしてひっくり返し、型からはずす。すべての鯖の切り身と飯を整形する。

寿司鯖の調整

かんたんにするには、市販の酢でしめた鯖が市販されているので、これを購入して利用されるのがよいでしょう。ここでは、鯖から調整する方法をご紹介します。

〈つくり方〉

1　鯖1尾（腸を抜いたもの）の腹の中と外身に、ひと握り分の塩をよくすり込む。
2　塩をした鯖をビニール袋に入れ、きつく巻いて締め、冷蔵庫に入れて3日ほどおく。
3　鯖を取り出し、3枚に下ろして皮をむき、片身を25切れくらいに切り分ける。1尾で50切れくらいとれる。

柿葉巻きと押し

1　寿司を柿葉で包むように巻く。通常は、葉のつやつやした表側の中央に寿司鯖がのるように寿司を置き、葉を巻いて寿司の両端部分を折り曲げる。
2　柿の葉寿司用の寿司桶（1升用）へ、隙間のないように葉を巻いた寿司を並べていく。
3　数段に積み重ねてきっちり詰める。
4　寿司桶のフタをして、締め具のくさびを差し込み、寿司を押す。すぐに食べられるが、1日程度おいてから食べるほうがおいしい。

柿で自然な手当て

「柿が赤くなると医者が青くなる」ということわざがあるように、柿は昔から体にいい果物として重宝されてきました。

ここでは、柿を健康づくりに生かす全国のさまざまな知恵を集めました。

色づき始めた渋柿。焼酎漬けにして飲むと咳止めになるという（写真＝黒澤義教）

渋柿の焼酎漬け。右は仕込んだ直後で、左は昨年の秋につくったもの

渋柿の焼酎漬けで咳止め

宮崎●稲本民雄さん

写真＝黒澤義教

稲本民雄さんとまゆみさんは、毎年秋になると渋柿の焼酎漬けをつくる。近くの農家から聞いてつくり始めたそうだが、最高の咳止め薬になるという。じつは、柿の実は生薬名を「柿子」といい、古くから咳止め効果があるといわれている。

家族みんなの咳が止まらなくなって困ったとき、試しに飲んだら全員見事に治った！　それ以来毎年つくり、育てている和牛にも飲ませているが、やはり咳は止まる。山口県にいる親戚は、咳が本当に止まったので「お金を出すから送ってくれ」と言ったとか。

つくるのは渋柿が少し色づき始めたくらいのまだかたい時期。宮崎で10月頃だ。

左から息子の稲本民行さん、まゆみさん、民雄さん

渋柿の焼酎漬けのつくり方

〈材料〉

果実酒用の2升ビン、割り箸、ビン半量くらいの渋柿（ガクはとっておく）、砂糖（値段の安いザラメ）2kg、25度の焼酎2升（柿と砂糖が入る分は余る）

❶ まずはエキスが出やすいように、割り箸で柿に穴をあける。

❷ 渋柿をビンの半分くらいまで入れ、砂糖2kgを加えたら、焼酎をビンいっぱいまで注ぐ。3カ月くらいで飲めるようになる。

❸ 時間がたつと「柿から白っぽいものが雲みたいにモクモクと出てきて、液体が茶色に変わる」。咳止め成分が抽出されるのだろうか。

渋柿の焼酎漬けの飲み方

飲み方は1日1回ペットボトルのキャップ1杯分。手に持っているのは、知り合いに分けるとき用のペットボトル

原液をくいっと飲み干す民雄さん。飼育している和牛（子牛）の咳止めにもいいそうで、体重300kgの子牛に湯飲み3分の1くらいを原液で飲ませる

頻尿、ひざの痛みに柿の葉入り薬草茶もおすすめ

家族で毎朝欠かさず飲む薬草茶。材料は、柿の葉、びわの葉、すぎな、どくだみ。近所のおばあさんは頻尿に効くといい、民雄さんはこれでひざに水がたまらなくなったという。

こんなにある 柿の健康効果

皮で美白

岐阜県のプロジェクトチームによると、富有柿の果皮から抽出したクエルセチン配糖体が、しみの原因になるメラニンの合成酵素を減少させる。また、和歌山大学の細谷圭助氏によると、貯蔵中の渋柿や干し柿には抗酸化作用や骨粗鬆症予防作用を持つβ-クリプトキサンチンが多く、とくに果皮に多く含まれる

ヘタでシャックリ止め

ヘタ50gを水1ℓで煎じて飲むと、シャックリがおさまる。ヘタの生薬名は柿蔕

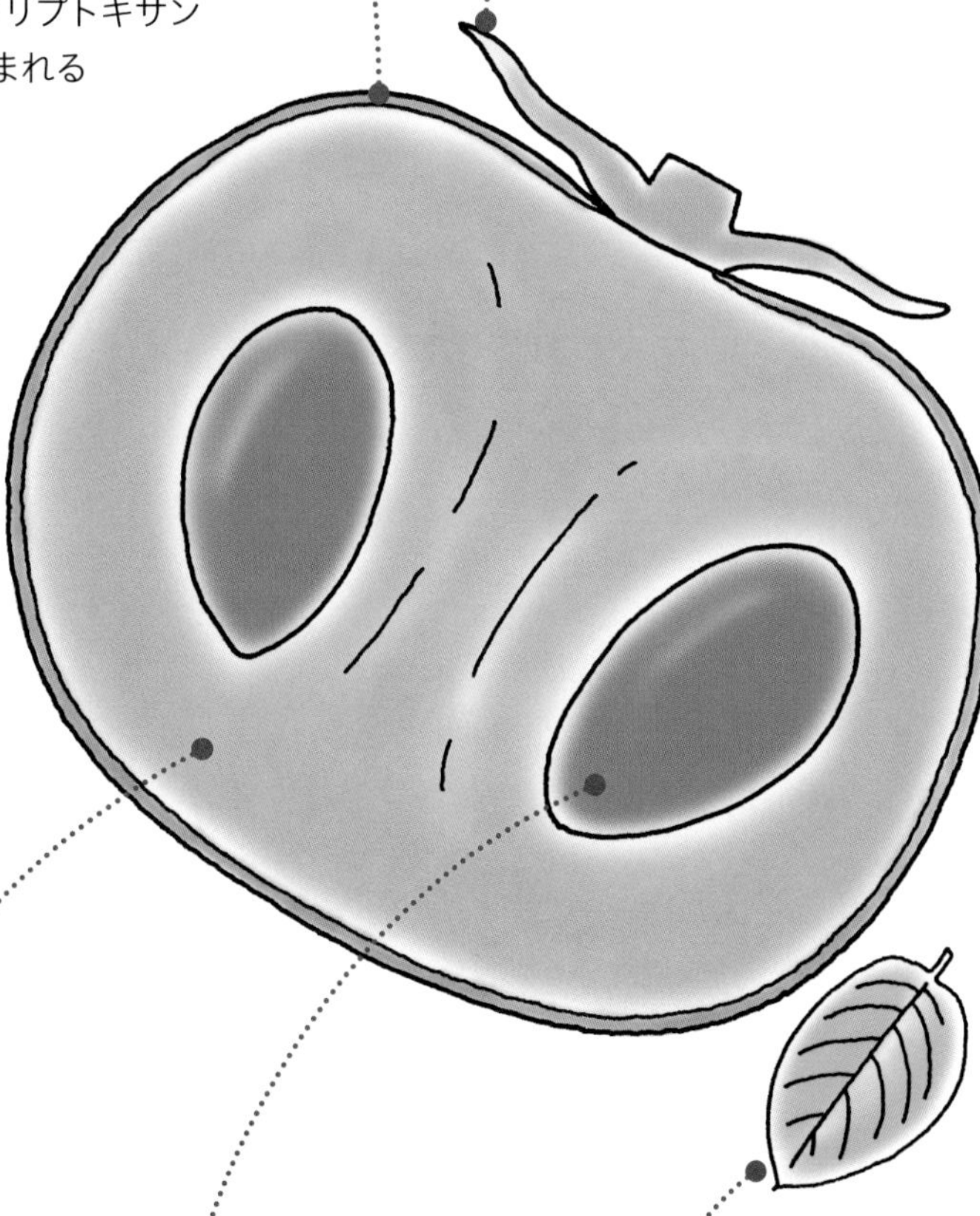

東海学院大学によると、皮を鶏のエサに混ぜると、卵の色がよくなり、鮮度も保たれる

果実でストレス解消

慶應義塾大学先端生命科学研究所の及川彰氏によると、柿を加熱調理すると抗ストレス作用のあるギャバや血管拡張作用のあるシトルリンが2〜3倍に増える

種でボケ防止

種を焼いて乾燥粉末にしたものを毎日飲むと、認知症が改善していく（86ページ）。ミネラルの効果!?

葉で動脈硬化予防

柿の葉茶（74ページ）を飲むと、ビタミンCが動脈硬化予防や眼底出血改善に。アレルギーやアトピー性皮膚炎も改善する

ボケ防止になる⁉ 柿の種の丸薬

崇城大学薬学部●村上光太郎先生

柿の種の丸薬

柿の種はボケを防ぐ特殊な種なんです。ある家のおばあさんの話なんですがね、出歩くたびに家に帰って来れなくなることが月に何度もあったそうなんです。私、お嫁さんに相談されたから、柿の種の丸薬を飲むようにすすめたんですよ。ところがね、2週間ちょっとしたらまたおらんようになったそうで、「柿の種の甲斐がなかった。また今日も消防団に探してもらわなきゃ」と苦情の電話がきたんです。するとね、おばあさんが「ただいま」と言って帰ってきたもんだから、そのお嫁さん、驚いて「家わかったんか?」。そのおばあさん、なんと答えたと思います?「アホか、自分の家がわからんやつなんてどこにおるか」ですよ。

柿の種は、自分の家がわからなかった人でも、わかるようになるんですね。頭脳明晰になります(談)。

村上光太郎先生(写真=小倉隆人)

柿の種の丸薬のつくり方

取材協力＝熊本・小岱山薬草の会

　柿の種には体にいいミネラルが豊富。黒焼きにすれば、脂肪やタンパク質を飛ばし、かさを減らして、効率よくミネラルをとることができる。

　黒焼きそのものを食べてもいいが、粉にして固めて丸薬にしておくと、飲みやすく成分の吸収もスムーズ。梅やびわなども同じ方法で丸薬にできる。

　1日2〜3個服用。はちみつを使っているのでカビないし、保存もきく。

柿の種は1カ月以上乾燥させておく

❶ 柿の種を黒焼きにする。写真のように焼きいもを焼くときに使う缶に入れ、フタをしておくと、種の中まできれいに黒焼きにできる（アルミホイルに包んで、ストーブの上で上下じっくり焼いてもいい）。

❷ ときどきかき混ぜながら、全体が炭化するまで火を入れる。30分ぐらいで完成（ストーブの場合は1〜3時間）。この状態でポリポリ食べてもいい。

❸ 黒焼きにした種をミルにかけて、粉にする。

❹ 粉にはちみつを入れる。入れすぎないように、かき混ぜながら徐々に少しずつ入れるのがコツ（入れすぎると固まらない）。耳たぶぐらいのかたさになればOK。

❺ 正露丸ぐらいの大きさに丸めて完成。手がベトベトになるので、ときどき濡れタオルなどで拭くときれいに仕上がる。

もっと知りたい柿の話

柿の甘柿・渋柿って何？

在来品種は1000種もあった

柿は、大陸から日本に奈良時代か平安時代に伝わったと考えられている。約1300年以上も前から日本各地で栽培されている、日本を代表する果樹なのだ。

柿は全国の人々の暮らしに根付いていく過程で、多様な在来品種が生まれた。明治時代の1912年に行なわれた農商務省の調査によると、全国から収集した品種は3000点を超え、その中で異名同種を除いて、異品種とされたものは937種にも及んだという。

1996年に山形大学の平智先生らが全国でアンケート調査を行なったところ、92ページの地図のように、多様な品種が残っていることがわかった。ただ、在来品種は人知れず失われつつある。身近にある柿の木も、じつはその地域ならではの貴重な在来品種なのかもしれない。

渋柿、甘柿の違いは？

柿は大きく渋柿、甘柿に分かれる。熟したときに渋みがなくなるのが甘柿、熟してからも渋みが残るのが渋柿。ただし、どんな柿にも必ず「渋」（タンニン）が含まれ、甘柿には約0・5％、渋柿には2・0〜2・5％もの渋が含まれるという（品種や熟期により変わる）。また、柿の種には渋とくっついて不溶化させるアセトアルデヒドを生成する力があり、その程度が強いほど甘柿寄りになり、弱いと渋柿寄りになるようだ。

（参考：『健康食 柿』『新版 果樹栽培の基礎』『食品加工総覧』『そだててあそぼう カキの絵本』すべて農文協）

渋柿の渋抜きってどうやるの？

熊本●矢住ハツノ

渋柿は渋抜きをしないと食べられない。手軽な順に抜き方を紹介する。

（編集部注：渋抜きした柿は日持ちしないので、早く食べたほうがいい）

●お湯による渋抜き

渋抜きの容器は桶や発泡スチロールのように、温度が一定に保てるものが適している。

〈つくり方〉

①傷のない色づいた柿を50℃くらいの湯につけて温めてから、容器に詰めていく。

②詰め終わったら45℃くらいの湯を注入する。容器内の温度を35〜40℃に保つことが必要で、あまり温度が高すぎると渋が抜けず、低すぎてもいけない。

適温にしておくと、品種や大小によって差はあるが、20時間前後で渋が抜ける。

（編集部注：この方法は、風味や色を悪くする欠点がある）

●アルコールによる渋抜き

この方法は密封する必要があるので、袋を使う場合は厚めのポリ袋を利用する。薄い袋だとアルコール分が抜けて時間が長くかかり、実がやわらかくなる。薄い袋しかないときは二重にする。

アルコールは35度の焼酎が手軽に入手でき使いやすい。

使用するアルコールの量は、5kgの柿に1カップ以内の焼酎があ

お湯による渋抜きのやり方

湯50℃
柿を50℃の湯に
つけて温めてから
容器に詰める
桶か発泡スチロール
の容器

木ブタ
45℃前後の湯を注入し、
ときどき湯をかえて35～
40℃の温度を20時間く
らい保つ。木ブタの上か
ら紙で覆い冷めないよう
にする

アルコールによる渋抜きのやり方

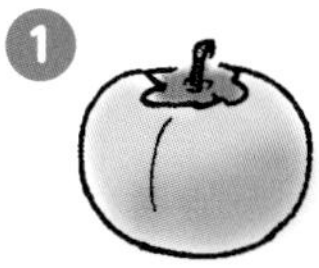
ヘタにアルコールまたは
焼酎をつけて、袋や容
器に並べる

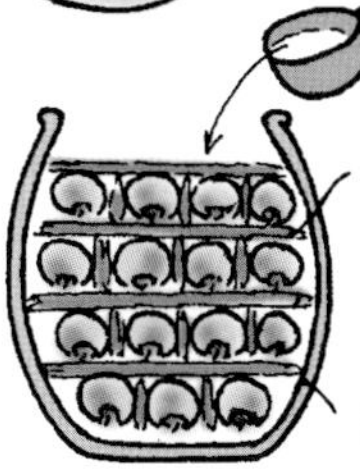
残ったアルコールを
最後にふりかける
柿の間に新聞紙
を詰める
袋や容器

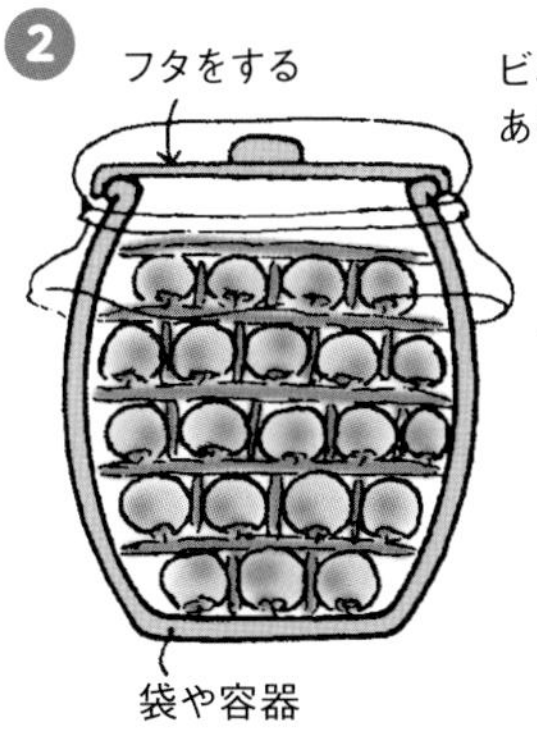
ビニールをかぶせて、ひもでしばる。
あるいはセロテープで目張りする

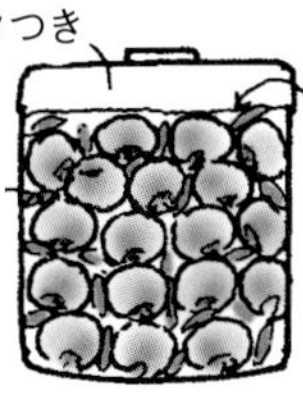
缶の場合
フタつき
新聞紙
ラップ

少量の渋柿を渋抜きするには?

少量の渋柿を渋抜きする方法を濵崎貞弘さん（58ページ）に教わった。密封できる袋（ジップロック等）に、渋柿を数個入れる。その上に、渋柿1kgに対して25度の焼酎8ccを、折りたたんだキッチンペーパーに吸わせて入れる。このとき、アルコールのついた部分が柿の果実に触れないように気を付ける（傷みの原因になる）。家の中の暖かい場所に置いて3～14日くらいで渋が抜ける。

写真は青柿だが、黄色の柿でももちろんOK。柿を入れても余裕のある大きさの袋を選ぼう
（写真＝依田賢吾）

ドライアイスによる渋抜きのやり方

しっかり口を
しばる
新聞紙を5cm厚さ
に敷く
ドライアイス（こぶし
大に割る）を新聞紙
で三重にくるむ

れば十分である。アルコール分が多くても渋抜きは早くならない。
　柿をポリ袋に詰めこむ場合、そのままだと柿の表面に水滴がついて変色したり、水分がたまってやわらかくなったりするので、新聞紙をあいだに詰めておくとよい。

〈つくり方〉

①アルコールを柿のヘタの部分につけながら容器やポリ袋に入れ、新聞紙を詰め、さらに柿を入れる。

②これをくり返し、最後に新聞紙を詰め、その上に残りのアルコールをふりかけ密封しておく。

　ポリ袋は口を二重にしばり、樽に入れた場合、フタをしてビニールをかぶせ、ひもでしばるか、セロハンテープで目張りをしておく。

　常温で3〜4日で抜けるが、種類によっては2週間以上もかかることがある。

（編集部注：果実の表面にアルコールが付くと変色したり軟化したりすることがある。ヘタにはアルコールを付けずに柿をポリ袋に詰め、最後に詰める新聞紙にだけアルコールをふりかける方法でもいい）

●ドライアイスによる渋抜き

　ドライアイスは、炭酸ガスを固形にしたもので、気化するときの炭酸ガスで渋抜きができる。

　渋柿5kgに対しドライアイス80〜100gを使う。ガスを利用するので厚手のポリエチレン袋を使い、水滴がつかないように、新聞紙を柿とドライアイスのあいだに敷く。

〈つくり方〉

①ドライアイスは、こぶし大ぐらいに割って、新聞紙に三重にくるむ。

②厚手のポリ袋の底に新聞紙にくるんだドライアイスを敷き、その上に新聞紙を細かく切ったものを5㎝厚さに敷き、その上に渋柿を並べて入れる。

③詰め終わったら袋の口をしっかりひもで結ぶ。3日ぐらいで渋が抜ける。

庭の柿を低くしたいけどどうしたらいい？

大木をコンパクトに仕立て直す

　自宅や実家、近所に古い柿の木がある方も多いはず。柿の木は大きくなりやすく、大木になると高いところは収穫が難しくなる。かといって大量の実を木にならせたまま放っておくと、周囲に鳥獣被害を招いてしまう原因にもなりかねない。しかも、手入れをしていないと枝が込み合って風通しが悪くなり、病害虫の被害も出やすくなる。

　そんな古い柿の大木でも、せん定で枝を整理すれば、まだまだ元気においしい実をならせてくれる。獣害対策の専門家である島根県の井上雅央さんがすすめている庭先果樹のせん定方法のポイントをまとめた。

　井上さんによると、大きくなりすぎた柿の木は、幹をバッサリ切って、先端まで手の届く高さにしたほうが、残さず収穫できるようになり、獣害対策にもなるという。木の内側に向かって伸びる「返り枝」などを切って風通しをよくすることも、病気を防ぎ健康に維持するポイントだ。

　また、柿は手入れをしないと、落葉病や炭そ病などにかかりやすい。井上さんは、円星落葉病が発生すると、果実が青いうちから落果して鳥獣を引き寄せてしまうという。せん定はもちろん、できれば春の葉が開く時期から定期的に防除を行ないたい。

（参考：『女性がやればずんずん進む決定版！獣害対策』井上雅央著、農文協刊、他）

枝の先を刈り込むのは厳禁！

　よかれと思って、大きく育った柿の木の枝全体を短く刈り込んだら、その年の秋に実がほとんどならなかった……という失敗談も聞く。

大きくなりすぎた柿の木のせん定のやり方

（井上雅央さんの指導内容をもとに編集部で作成）

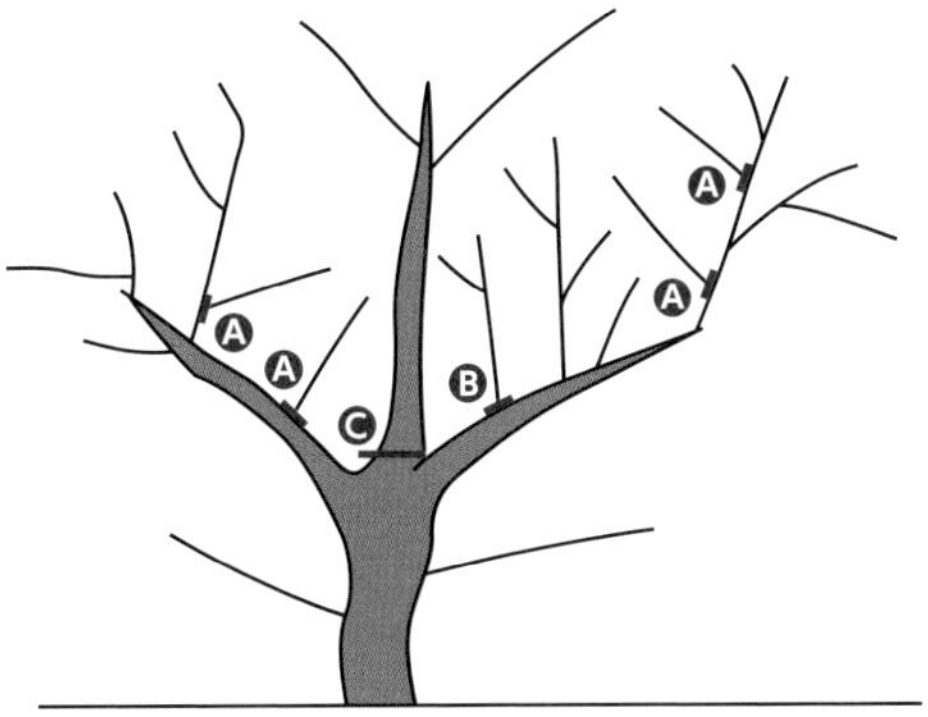

目的は「樹形を整えて、見た目、日当たり、風通しを改善すること」や「古くなった枝を更新すること」。
実つきがよくなり、低樹高にすることですべての実が収穫しやすくなる。

❶ 伐採
木の数が多いときは、樹間1.5 ～ 3mを目標に、生育がよさそうな樹を選んで、それ以外をすべてチェンソーなどで伐採する

❷ 枝を落とす
ノコギリやせん定バサミを使って行なう。枝は付け根から切ること
Ⓐ 中央に入り込む枝を切る
Ⓑ 枝が込み合っているところを切る
Ⓒ 太くても真上に伸びている立枝は切る
＊せん定時期は11月中旬～1月。落葉してから行なう

（編集部注：冬は枯れた枝の見分けがつきにくく、もろい枯れ枝にのると枝が折れて木から落ちてしまう危険がある。せん定は手の届く範囲にとどめておき、枝には登らないほうが安心だ）

●ノコギリの使い方
BやCの枝を落とすときは、刃が横になるように寝かして使える枝を選んで切る。縦に伸びた枝を切ることになるので、おのずと低く外側へ広がる形に樹を仕立て直せる

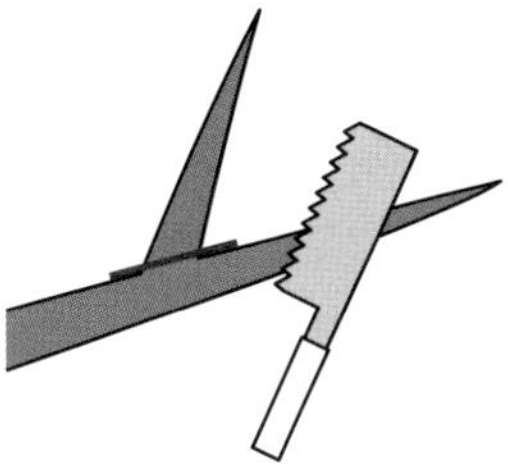

柿の果実のなり方

春先の枝

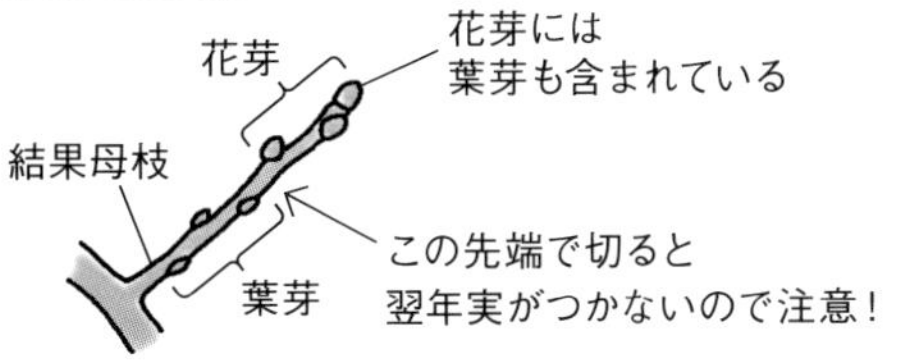

前年に10 ～ 30㎝伸びた枝の先端に
花芽（と葉芽の混合芽）ができる

夏の枝

先端の新梢が伸びてその途中に花が咲き、
実がつく

元徳島県果樹試験場の赤井昭雄先生によると、柿の木は、その年に10～30㎝伸びた、果実のならなかった枝の頂上の芽や、それに続く2～3個の芽の内部に花芽（花の基）ができる（左の図）。

花芽のついた枝を途中で切ってしまうと、翌年は実がつかない（翌々年に実がつく）。先端を切らずに翌年実をならせる枝と、あえて途中で切って翌々年に実をならせる枝をバランスよくつくると、毎年一定量の実をつけることができる。

（参考：『庭先でつくる果樹33種』赤井昭雄著、農文協）

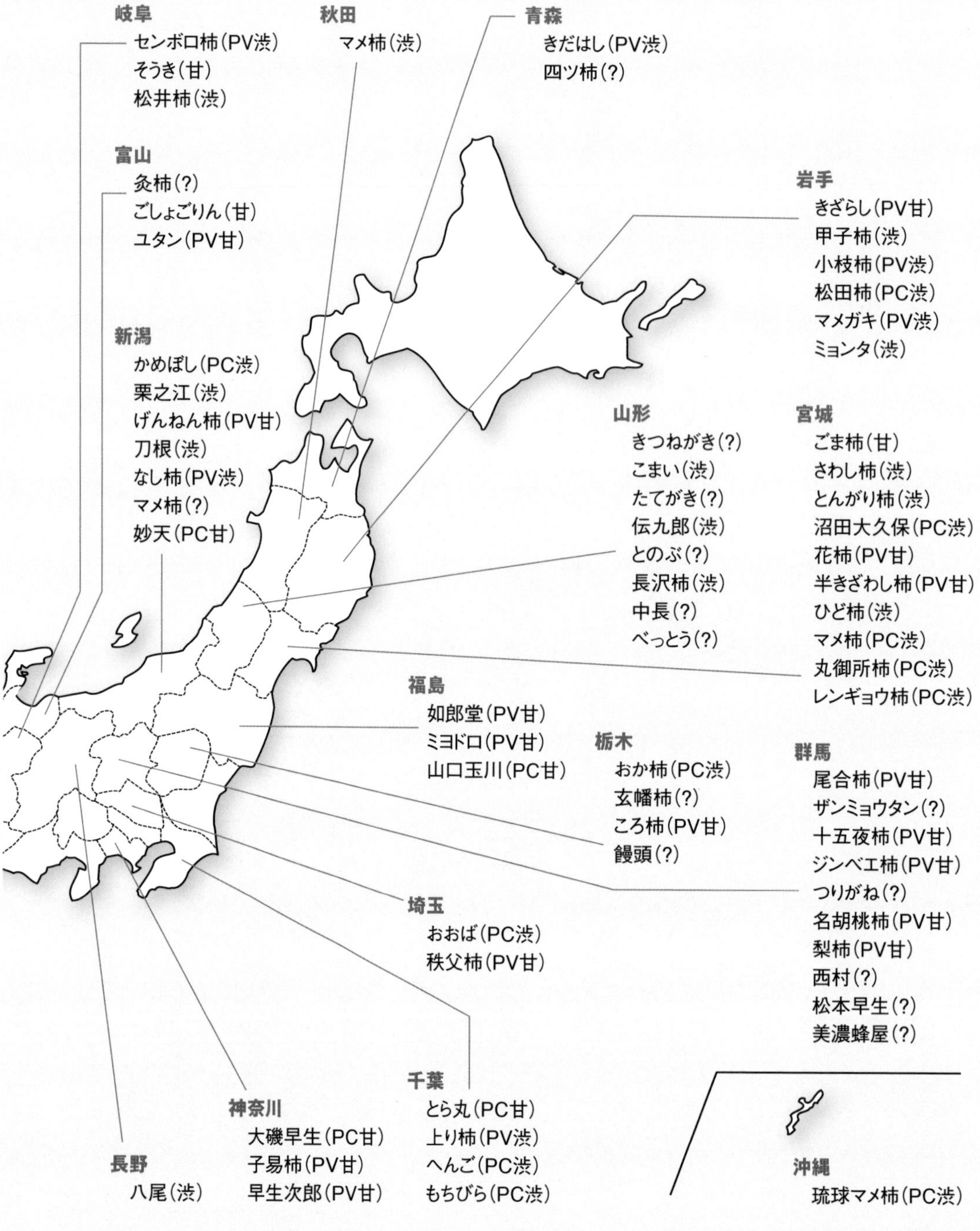

柿の全国在来種マップ

1996年に山形大学の平智先生らが全国の農業改良普及所等の協力で行なったアンケート調査の結果をまとめた地図。
東北地方から沖縄まで、多様な品種があったことがわかる。

出典:『食品加工総覧』素材編/第11巻 果樹・樹木/「カキ　加工特性・加工用途」より(平 智著)
※●印はアンケート実施時点で「現存しない」との回答があった品種

島根
いじゃり(渋)
●つわの木練(PV甘)
●つわのとんぎり(PV甘)
美濃西条(PC渋)

広島
盆木練(PV甘)

山口
チンボ柿(渋)
マメ柿(渋)
よねみつ(渋)

福岡
大野柿(渋)
貫ごねり(甘)
小次郎柿(PC渋)
地柿(渋)

佐賀
刀根(渋)
マメ柿(渋)

長崎
いさはや(PC甘)
大村精ろう柿(PV甘)
矢櫃(PC渋)

大分
タカスノ(?)
タカノス(PC渋)
ボンゴネリ(甘)

宮崎
えぶくろ(PC渋)
こんだ柿(PC渋)

鹿児島
新佐ェ門(甘)
惣袋(PC渋)
ツイジョウ柿(渋)
トンギイゴネ(PV甘)
ボンゴネ(PV甘)
ヤマ柿(PC渋)

兵庫
青ぞう(渋)
青みの(PC渋)
えどじ(渋)
大久保(PV甘)
岡城柿(PV甘)
けわり(PV甘)
座柿(甘)
信濃(渋)
千合(渋)
棚本(PC渋)
段柿(甘)
どうもと(?)
夏ごれ(甘)
にた(PC渋)
はちおうじ(PV甘)
八丁柿(甘)
べん柿(渋)
美嚢(渋)
寄鐘(PC甘)
よろいどし(甘)

石川
那谷大練り(PC甘)
那谷小大練り(PC甘)

福井
あさひ丸(PV甘)
下司不食(PV甘)
出島(PV甘)
長柿(渋)
八朔(PV甘)
餅柿(PC渋)

京都
うすい(甘)
信濃柿(渋)
ぜんざえもん(PV渋)
タマゴ(甘)
長ソ(渋)
橋谷柿(渋)
はっさく(甘)
よこそ(渋)

鳥取
しんだて(PC渋)

愛媛
●あかま柿(PV甘)
まとば(渋)

香川
讃岐五伴(PC渋)

高知
クボタ(PC渋)
チュウエモン(PC渋)
弘見柿(PC渋)

和歌山
高津気柿(?)
びんぐ柿(PV渋)
ほどくろ(渋)

愛知
愛秋豊(PC甘)
太田柿(PC渋)
コロ柿(渋)
ジンボ(PV甘)

柿の分類

完全甘柿(PC甘)　種子の有無にかかわらず、樹上で自然に脱渋する柿。栽培品種は富有、次郎、太秋、御所柿など。

不完全甘柿(PV甘)　種子のまわりに大型の褐斑ができて脱渋するが、種子が少ないと渋が残る。栽培品種は筆柿、西村早生、禅寺丸、栃原柿、伽羅など。

不完全渋柿(PV渋)　種子がすべて入っても果肉の一部に渋みが残る。栽培品種は刀根早生、平核無、甲州百目、太天など。

完全渋柿(PC渋)　種子の有無に関係なく褐斑ができず、渋い。栽培品種は愛宕、西条、会津身不知、三社、市田柿、富士など。

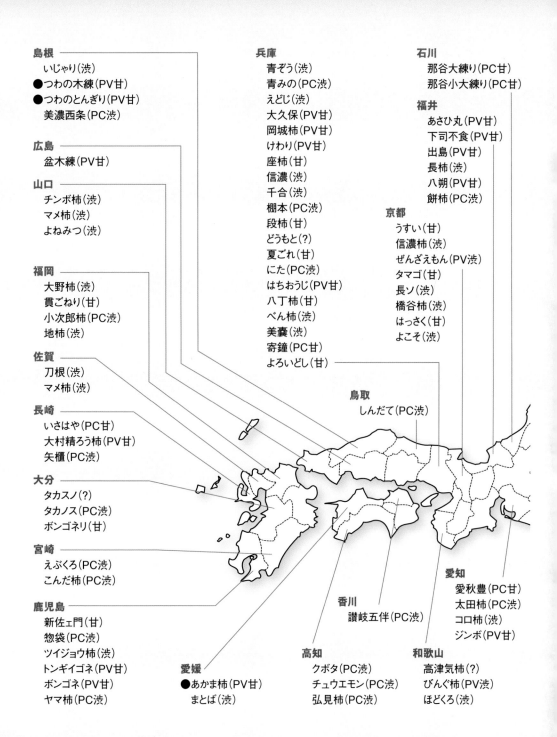

柿のある暮らしの風景

柿もぎに興ずる子どもたち

島根県仁多郡横田町（現在は奥出雲町）の秋の風景。家のまわりに「あじ柿」（甘柿）があり、子どもたちはまだ柿が青いうちからとって食べていた。竹の先を割り、木の枝を差し込んで叉木につくった柿とり用の棒で、柿をはさんで取る。かつてはこうした風景が各地でよく見られた。

写真=倉持正実、1990年撮影
出典=『日本の食生活全集 聞き書 島根の食事』（農文協）奥出雲の食より

掲載記事初出一覧

イントロダクション …………………………… 新規

干し柿をつくる、干し柿をもっとおいしく

干し柿のつくり方 …………… うかたま2022年秋号

干し柿づくりQ&A …………… うかたま2022年秋号

干し柿アイデア集 …………… うかたま2022年秋号

干し柿農家のレシピ …… 現代農業2019年11月号

飛田和緒さんの 干し柿でつくるひと皿

……………………………… うかたま2022年秋号

干し柿とくるみのチョコ …… うかたま2018年秋号

あんぽ柿のフォンデュ ……… うかたま2008年冬号

柿なます ……………………… うかたま2021年冬号

大根の巻き漬け ……………… うかたま2009年冬号

干し柿以外の柿の料理とおやつ

半乾きの冷凍柿 ………… 現代農業2013年11月号

柿シェイク ……………… 現代農業2011年11月号

やわらか柿チップ ……… 現代農業2007年11月号

焼き柿 …………………… 現代農業2011年11月号

渋柿ジャム ………………… 現代農業2012年9月号

柿の漬け床 ……………… 現代農業2007年11月号

柿の味噌漬け …………… 現代農業2012年12月号

熟柿ドレッシング ……… 現代農業2011年11月号

中川たまさんの柿のお菓子 … うかたま2014年秋号

柿の渋と渋戻りの話 …… 現代農業2011年11月号

前沢リカさんの柿のおかず … うかたま2014年秋号

柿渋をつくる、柿渋でつくる

柿渋染めエプロン …………… うかたま2019年冬号

新聞紙でエコバッグ ……… 現代農業2014年8月号

米袋でエコバッグ ………… 現代農業2014年8月号

柿渋の成分と力 …………… 現代農業2014年8月号

柿渋のウイルス退治効果 … 現代農業2014年8月号

圧力鍋でかんたん柿渋づくり

……………………………… のらのら2017年6月号

昔ながらの柿渋のつくり方

……………………………… 現代農業2014年8月号

柿酢をつくる

河部さん家の柿酢 …………… うかたま2011年秋号

柿酢の健康機能性 ………… 現代農業2019年9月号

柿の葉を使う

柿の葉茶つくり …………… 現代農業2008年7月号

紅葉した柿の葉を長く保存する …………『柿づくし』

柿の葉寿司のつくり方 …………………『柿づくし』

柿で自然な手当て

渋柿の焼酎漬け ………… 現代農業2012年11月号

柿の健康効果 …………… 現代農業2011年11月号

柿の種の丸薬 ……………… 現代農業2009年9月号

もっと知りたい柿の話

柿の品種の話 ………………………………… 新規

渋抜きの方法 ……『家庭でできるこだわり食品 果物』

柿の木の手入れ …………… 現代農業2020年8月号

柿の全国在来種マップ ……………『食品加工総覧』

柿のある暮らしの風景

…………『日本の食生活全集 聞き書 島根の食事』

本書は『別冊 現代農業』2023年10月号を単行本化したものです。

※執筆者・取材対象者の住所・姓名・所属先・年齢等は記事掲載時のものです。

撮影
五十嵐 公
大西暢夫
奥山淳志
小倉かよ
小倉隆人
河上展儀
倉持正実
黒澤義教
小林キユウ
田中康弘
橋本紘二
武藤奈緒美
矢郷 桃
依田賢吾

カバーイラスト
ますこえり

本文イラスト
ますこえり
山中正大
アルファデザイン

本文デザイン
川又美智子

ムダなくおいしく
柿ライフ
干し柿と柿の料理・おやつ、柿酢、柿渋、柿の葉茶

2024年7月30日　第1刷発行

農文協　編

発 行 所　一般社団法人　農山漁村文化協会
郵便番号 335-0022 埼玉県戸田市上戸田2丁目2-2
電 話 048(233)9351(営業)　048(233)9355(編集)
FAX 048(299)2812　振替 00120-3-144478
URL https://www.ruralnet.or.jp/

ISBN978-4-540-23188-9　DTP製作／農文協プロダクション
〈検印廃止〉　印刷・製本／TOPPAN㈱

Printed in Japan　定価はカバーに表示
乱丁・落丁本はお取りかえいたします。